人民日报 近代中国人物·轶事系列

顾　问	（以姓氏笔画为序）
	乐黛云　刘梦溪　汤一介
	杨天石　严家炎　耿云志
主　编	张立文
出版人	董　伟

人民日报
近代中国人物轶事系列

秋瑾徐锡麟轶事

陈晨 编

人民日报出版社

图书在版编目（CIP）数据

秋瑾徐锡麟轶事 / 陈晨著. — 北京：人民日报出版社，2014.3

（近代中国人物轶事系列）

ISBN 978-7-5115-2450-8

Ⅰ.①秋… Ⅱ.①陈… Ⅲ.①秋瑾（1875～1907）—生平事迹②徐锡麟（1873～1907）—生平事迹 Ⅳ.①K827=52

中国版本图书馆CIP数据核字(2014)第036978号

书　　　名：	秋瑾徐锡麟轶事
作　　　者：	陈　晨
出 版 人：	董　伟
责任编辑：	林　薇　陈志明
封面设计：	汪要军
出版发行：	人民日报出版社
社　　　址：	北京金台西路2号
邮政编码：	100733
发行热线：	（010）65369527　65369512　65369509　65369510
邮购热线：	（010）65369530
编辑热线：	（010）65369514
网　　　址：	www.peopledailypress.com
经　　　销：	新华书店
印　　　刷：	北京海德印务有限公司
开　　　本：	1/16
字　　　数：	200千字
印　　　张：	17.5
印　　　次：	2014年4月　第1版　　2014年4月　第1次印刷
书　　　号：	ISBN 978-7-5115-2450-8
定　　　价：	48.00元

目 录

徐锡麟、秋瑾事略（代序）……………………………… 萧一山 17

卷 一

祖上……………………………………	27
兄弟姊妹………………………………	28
生于福建………………………………	28
愤恨侵略………………………………	29
少年时事………………………………	29
回到原籍………………………………	30
幼读诗书………………………………	31
初习诗作………………………………	31
娴于词令………………………………	31
渐习女红………………………………	31

革命思想之启蒙 ································ 32
习艺健身 ·· 32
没有"架子" ······································ 33
帮助族伯 ·· 33
女中豪杰 ·· 34
联姻王氏 ·· 34
自号鉴湖女侠 ····································· 35
"必先殄群奸而后可" ························· 35
瑟琴异趣 ·· 36
欲感召夫婿 ·· 36
婆媳不和 ·· 37
创办钱庄 ·· 37
钱庄倒闭 ·· 37
宽大待人 ·· 38
爱护弟弟 ·· 38
与弟分离 ·· 39

卷 二

随夫进京 ·· 43
海上遇险 ·· 44
以救国为己任 ····································· 44
夫妻不和 ·· 45
各自为谋 ·· 47
与刘少少之过从 ································· 47

名士派………………………………………… 47

订交吴芝瑛………………………………… 48

拜访吕碧城………………………………… 49

倡男女平权………………………………… 50

参加妇女座谈会…………………………… 50

吐露心声…………………………………… 52

埃尘中花也一样开………………………… 55

憧憬美国…………………………………… 55

想去日本…………………………………… 57

夫君说项…………………………………… 57

陶然亭话别………………………………… 59

赴日留学…………………………………… 61

义救杨照…………………………………… 62

启程………………………………………… 63

上船出发…………………………………… 64

伤怀………………………………………… 66

遇险………………………………………… 68

卷 三

抵达日本…………………………………… 73

入学………………………………………… 74

离校………………………………………… 77

慷慨激烈…………………………………… 78

加入同盟会………………………………… 78

评议员而兼浙江主盟	79
军师之职	80
浙江第二	80
以女界先导自任	81
组织演说会，发行《白话报》	81
《白话报》之情形	82
早蓄排满之志	85
不废吟咏	86
结识陶成章	87
会见宋教仁	87
重兴共爱会	88
公祭戊戌六君子	88
节己助人	88
日方取缔留学风潮	89
心伤陈天华之投海	90
显分两派	91
殴击范源濂	91
吃我一刀	92
留日期间之言论	92
留日期间之吟咏	93
闲庭信笔	94
急公好义	94
自东贻书	95

卷 四

创办中国公学……………………………………99
归国晤吴芝瑛……………………………………99
归国见蔡元培、徐锡麟…………………………100
与徐锡麟善………………………………………101
姐弟情深…………………………………………101
终身和服…………………………………………102
订交徐寄尘………………………………………102
浔溪女学女教习…………………………………103
订交徐自华………………………………………104
青眼许氏姊妹……………………………………105
议论风发…………………………………………105
旁若无人…………………………………………106
深受爱戴…………………………………………106
悬然离去…………………………………………107
照拂蔡竞…………………………………………107
照拂吴珉…………………………………………107
加入光复会………………………………………108
欲行南洋未果……………………………………109
筹集经费…………………………………………109

卷　五

办报与办学 ……………………………………………… 113

恢复女权，取消纳妾 …………………………………… 113

照拂王振汉 ……………………………………………… 114

制造炸药 ………………………………………………… 115

独任浣衣之劳 …………………………………………… 116

胃病甚剧 ………………………………………………… 116

睡不脱靴 ………………………………………………… 116

运动革命力量 …………………………………………… 117

母亲去世 ………………………………………………… 118

挽母联 …………………………………………………… 119

《中国女报》之创办 …………………………………… 119

《中国女报》之情形 …………………………………… 121

徐自华之助 ……………………………………………… 123

泛舟西湖 ………………………………………………… 124

"君讵欲葬此乎？" ……………………………………… 124

栖栖不以为苦 …………………………………………… 125

带病奔波 ………………………………………………… 125

"从此不再来" …………………………………………… 126

月下舞刀 ………………………………………………… 127

《中国女报》创办之经过及其夭折 …………………… 127

卷　六

大通学堂…………………………131

光复军之成立……………………132

大通学堂时期之困顿……………132

夫家之借款………………………133

借款之他说………………………133

借款之另一说……………………134

归视子女家人……………………134

秋先生……………………………134

秘密革命…………………………135

与贵福之委蛇……………………136

对劣绅之鄙薄……………………136

折皂隶……………………………137

设体育会…………………………137

往来杭沪准备革命………………139

为革命积极筹款…………………140

赠钏记……………………………140

与徐锡麟相约起事………………142

起事之准备………………………142

浙案之发生………………………142

革命计划之泄露…………………143

起事之败…………………………144

心伤徐锡麟之死…………………144

其势益孤……144
"我不入地狱，谁入地狱"……145
焚毁文件……146
束手就擒……147
临刑约三事……149
"秋风秋雨愁煞人"……150
严讯逼供……152
事败于汤寿潜……152
伪造口供……152
英勇之就义……153
舆论大哗……154
被害之始末……155
家属之不敢收尸……157
事后之补救……158
清廷之刁难……159
新墓之营建……160
纪念碑之立……160
风雨亭……161
有此一说……161
遗集之刊行……162

卷 七

撰联天姥山……165
姐弟会饮……165

胸无宿物···166
胸襟坦白···166
处世之法···167
本名闰瑾···168
工诙谐···168
咏梅诗···169
雅量··169
擅辩才···170
悲中国无人···170
感时··171
乔装摄影···171
"恐子望陌头杨柳"···172
赠钏··173
恶谶··174
嫉恶如仇···174
诗谶··175

卷 八

秋瑾诗词···179
三个时期···181
名句偶同···182
言为心声···182
弱质清才···183
最为悲壮···183

偶事韵语·················184
跌宕纵横·················184
百读不忘·················185

附 录

秋瑾年谱简编············陈象恭编 189

外一种　徐锡麟轶事

卷一·····················207
　家世···················207
　心雄万夫···············207
　器过手辄毁·············208
　欲为沙门···············208
　刻苦攻读···············208
　试辄冠其曹·············209
　有项王风···············209
　自称伯圣···············209
　何为大人···············209
　心无旁骛···············210
　流连忘返···············210
　博闻强记···············211
　打毒蛇·················211
　少有大志···············211

帮助割稻……………………………212
　　空船回家……………………………212
　　善长舆算……………………………213
　　浑天仪………………………………214
　　喜欢健身……………………………214
　　看透因果……………………………214
　　开辟未果……………………………215
　　生性爱人……………………………215
　　代付银钞……………………………215
卷二……………………………………216
　　教书于绍兴中学……………………216
　　以恢复为己任………………………217
　　热衷办学……………………………218
　　注重测量之学………………………218
　　建设学校……………………………218
　　热诚学堂……………………………219
　　愤恨外人侵略………………………219
　　仰慕勾践、项梁……………………220
　　拜访蔡元培…………………………220
　　加入光复会…………………………220
　　谋图光复……………………………221
　　运动秘密会党………………………221
　　草泽间皆知君名……………………221
　　知中国之可为………………………222
　　到嵊县次数最多……………………223

抗击强盗 …………………………………… 223
谋办团练 …………………………………… 224

卷三 ……………………………………………… 225
东渡日本 …………………………………… 225
负笈东瀛 …………………………………… 226
赞助学生 …………………………………… 227
相遇同志 …………………………………… 227
人皆有妻子 ………………………………… 227
返国 ………………………………………… 228
为邹容、章太炎奔走调护 ………………… 228
反抗教会之压迫 …………………………… 228
大通学堂之创立 …………………………… 229
大通学堂之建设 …………………………… 230
皮鞋不能脱下 ……………………………… 230
表亲许仲卿 ………………………………… 231
典礼楹联 …………………………………… 232
提倡体育会 ………………………………… 232
待徒情深 …………………………………… 232
公然购枪支 ………………………………… 233
树革命之基础 ……………………………… 233
淋雨演操 …………………………………… 233

卷四 ……………………………………………… 235
谋以术倾满洲 ……………………………… 235
参加乡试 …………………………………… 235
仅中副榜 …………………………………… 236

不敢往贺·····················236

开办书局·····················237

物色豪杰·····················238

入东斌学堂···················238

学习造币技术·················239

坚持大通学堂之续办···········239

查勘形势·····················240

改省皖江·····················240

捐官之计划···················241

捐官之游说···················242

所捐之官职···················242

安徽候补道···················243

游说当道·····················243

子身侨寓·····················244

主陆军小学···················245

不满现状·····················245

勘察形势·····················246

夜观天象·····················246

得到重用·····················246

徐小道·······················247

奏加二品衔···················247

加授陆军学校监督·············248

器重朱蕴山···················248

铲除革命对头·················249

暗中运动军人·················250

陶成章等之见疑··················250
谨慎敏捷······················251

卷五··························252
狱见章太炎····················252
学造纸币······················252
出山海关······················253
拜访冯麟阁····················253
拜见袁世凯····················254
相约杭州计划举义··············254

卷六··························256
误打误撞······················256
仓促起事······················257
共图举事······················258
深谋远虑······················258
起事之预备····················258
起事之计划····················260
起事之经过····················261
起事之失败····················264
侃侃不讳······················265
奋书千言······················266
豪气百端······················266
"谁践谁的土"··················267
"恩铭死矣"····················267
"再照一次"····················267
"今天便宜了你"················268

自为汉种问罪满洲……………………………………268

英勇就义……………………………………………268

同志之牵连…………………………………………269

革命之余波…………………………………………270

疑冢…………………………………………………271

归并…………………………………………………271

附录一　光复会……………………………………273

附录二　光复军大元帅徐锡麟……………………287

附录三　徐锡麟年表………………………………309

徐锡麟、秋瑾事略
代序

萧一山

当潮、惠之役失败而钦、廉之役未起之时,光复会之中坚分子徐锡麟及秋瑾起义于安庆、绍兴,事虽不成,而牺牲之壮烈,影响及于人心者颇大。较之同盟会所直接发动之六役,其革命价值殆有过之而无不及也。锡麟字伯荪,别号光汉子,浙江绍兴人,清同治十二年生。二十一岁为诸生,特别擅长数学,尤好天官。光绪二十七年任教绍兴府学堂,声誉鹊起,知府熊起蟠闻其才名,收为门下,并擢为副监督。不久又应乡试,中副榜,时国人已厌清政,草野言革命者甚多,锡麟慨然曰:"大丈夫当创大业,岂能局促辕下以终其身?"遂决意出游,赴日参观博览会。返籍后,更放言无忌,创热诚蒙学于东浦,以军国民教育学生,又规建越群公学及特别书局,提倡维新,为人所挤,被免副监督职。蔡元培、龚宝铨等在上海组织光复会,锡麟于次年冬往见之于爱国女学校,欣然加盟。适陶成章由东京回,亦被邀入会,二人协力谋会务发展,一时颇有兴盛气象。

及敖嘉熊创办温台处会馆,光复会分子渐为所吸收,锡麟决移其重心于浙江。乃由沪同绍兴,与弟子出游诸县,一意结交奇士,至嵊县,识平阳党首领竺绍康,即天地会之分支也。因会党组织散漫,智识浅陋,欲设法训练,乃以体育会名义,月聚数百人,学习射击。借许仲卿五千元购九响枪五十枝、子弹二十万颗,以作实习之用。元培族弟元康告以劫钱庄助军需之计划,乃组织大通师范学校,以作匿伏藏储之所。欲在绍起事,陶成章谓浙江地势,不利于守,劝其息谋。遂与成章积极规划校务,内没体育专修科,广招三府会党头目入学,入学者即为光复会会员,须受节制。革命志士,逐渐集中。适成章有捐官学军之议,欲握取军权,以实行中央革命。乃偕陈伯平、马宗汉东渡,因目患近视,为振武学校所拒,又拟学警政,亦不成,乃于光绪三十二年春回国,谋独树革命旗帜于一方。其时光复会员皆随蔡元培加入同盟会,成章因不赞成锡麟立刻回国革命之计划,又主张停办大通学校,二人意见相左,遂未约锡麟入同盟会。锡麟有表妹曰秋瑾,字璿卿,又字竞雄,号鉴湖女侠。光绪元年生,明慧豪侠,原游学日本,加入同盟会,及冯自由在横滨所组织之三合分会。因反对日本文部省颁布取缔中国留学生规则事,偕同志返国。锡麟又介绍入光复会。瑾在沪与同志创办中国公学,并刊行《中国女报》,亲撰发刊词云:

吾今欲结二万万大团体于一致,通全国女界声息于朝夕,为女界之总机关,使我女子生机活泼,精神奋飞,绝尘而奔,以速进于大光明世界,为醒狮之前驱,为文明之先导,为迷津筏,为暗室灯,使我中国女界中放一光明灿烂之异彩,使全球人种惊心夺目,拍手而欢呼!无量愿力,请以此报创,吾愿与同胞共勉之!

瑾为从事革命及妇女解放运动之第一人。刘道一回湖南运动会党，瑾愿担任浙江方面以为响应，盖道一瑾皆在日本时所立十人会之分子也。瑾回绍兴，即代锡麟主持大通学校。大通原为会党聚集之所，瑾先到各地与会党首领吴琳谦（义乌）、徐买儿（金华）周华昌等接洽，严密组织，以"黄河源溯浙江潮，为我中华汉族豪，莫使满胡留片甲，轩辕神胄是天骄"一诗作为标志，从"黄"字到"使"字，凡分十六级。黄字为首领，凡五人，推徐锡麟等担任。河字为协领，员额不定，瑾自居其一。源字为分统，由洪门首领担任，溯字为参谋，由洪门红旗担任。浙字以下为部长、副部长等职。另有金指环镌各人职衔，暗为表记。又将洪门部队，编为八军，用"光复汉族，大振国权"八字为号，统称曰"光复军"。每军设大将、副将、行军正副参谋、中左右军、中左右佐尉等职。旗帜用白布写一"汉"字，三角旗写"复汉"二字。议定先由金华发难，处州立即响应，待杭州兵开金处，即由绍兴党军袭据省城。万一不克，则转攻金华，取道处州出江西，以通安徽，与徐锡麟相呼应。其时锡麟已捐纳道员，分发安徽，得皖抚恩铭激赏，先任武备学堂副办，旋升巡警处会办，兼巡警学堂堂长。锡麟与秋瑾同时起事之约，由陈伯平往来其间。光绪三十三年五月，伯平偕马宗汉到安庆，言秋瑾定二十六日起事，请践约同举。锡麟以标兵未发枪械，巡防队兵单人少，机会可用，遂决意发难。二十六日，值巡警学堂学生毕业考试，例由巡抚亲临主持，锡麟预埋炸药于花厅，欲于宴会时一举聚歼文武各官，而后起义。是日晨八时，恩铭先到堂，各司道陆续至，依次入礼堂，锡麟戎装佩刀立阶下，伯平、宗汉立堂侧。先由官生行谒督办礼，恩铭答谢毕，锡麟忽急步上前举手礼，随呈学生名单于案上，大声云："今日革命军起事。"恩铭惊问："汝何由得知？"语未毕，即有轰炸声，宗汉出短铳击恩铭，仅中右手。锡麟左右手持两枪连续发射，恩铭共中七枪，文巡捕以身护翼中枪死，武巡捕受重伤，道员首府均伤。锡麟子弹用尽，入室装弹，潘司冯煦急命左右负恩铭入轿中，急抬回署即死，诸官均作鸟兽散。锡麟出室入堂，对学生拍案大呼曰："抚台已被刺，快去捉奸细！从我革命！"学生惊惶不知所措。锡麟率伯平、宗汉横目视学生，喝令整队出校，因知抚署有备，改趋城西大朱巷军械局，冀夺械大举。学生有中途逸去者，至军械局者仅三十余人。锡麟入据后，命伯平守前门，宗汉守后门，自率学生杀尽局中护勇，欲开仓取枪械子弹，觅匙不得，而冯煦已命巡防缉捕各营严密包围，并悬赏万金获锡麟。相持六小时，伯平战死。锡麟、宗汉及学生夫役二十一人被捕。解至督练所，由藩司冯煦、臬司毓朗审讯，冯煦曰："恩抚待汝厚，何无心肝乃尔？"锡麟曰："恩抚待我，私惠也；我之刺彼，乃天下之公愤也。"毓朗曰："恩抚未死，明日将亲讯尔！"锡麟闻言失色，垂首不语。毓朗继曰："尔知罪否？明日将剖尔心肝！"锡麟忽大笑，改称恩铭字曰："然则新甫死了，新甫死，我志偿，即碎身万段，亦所甘心，区区心肝，何屑顾及？"复指毓朗曰："尔幸不死！"毓朗大震几踣。锡麟又曰："杀尔固无济，我本拟先杀恩铭，次端方，次铁良、良弼也。"嗣作供词云：

我本革命党大首领，捐道员到安庆，其意专为排满，作官者伪也，使人无所备也。满人虐我汉族，近三百年矣。观其表面日言立宪，不过笼络天下人心，实则主中央集权，以膨胀专制势力。满人之妄想，以为一立宪，便不能革命，殊不知目今中国人程度不够立宪，以我理想，立宪乃万万做不到。若以中央集权为立宪，是则越立宪，我汉人将越速死。我只拿定革命宗旨，一旦乘时而起，杀尽满人，其时汉人自然强盛，再图立宪不迟。我蓄志排满，已十余年矣，今日始达目的。本拟杀恩铭后，再杀端方、铁良、良弼，为汉人复仇，乃竟被拿获，实难满意。我今日仅仅欲杀恩铭及毓钟山（朗字）耳，恩铭已击毙，可惜便宜毓钟山了。……尔等言抚台是好官，待我甚厚，诚然；但我既以排满为宗旨，即不能问满人作官之好坏。至抚台厚我，系属个人私恩，我杀抚台，乃是排满公理。此举本拟缓图，因抚台近日稽查革命党人甚严，又尝嘱我拿革命党首领，恐遭其害，故先发以刺之。且欲当众将他杀死，庶其文武官吏，不能不服从，那时我直下南京，可以势如破竹，我从此可享大名，此实我最得意之事。尔等再三言我密友二人，现已一并拿获，均不肯供出姓名，将来不能与我大名并垂不朽，未免可惜。所论亦是，但此二人实有学问，日人皆知其名，在军械局所击死者为光复子陈伯平，此实我之好友。被获者或系我友宗汉子，向以别号，并无真姓名。至尔等所说已获之黄复，虽系浙人，我不相识。众学生程度太低，无一可用之人，均不知情。尔等杀我剐我两手两足，将我全身粉碎均可，不要冤杀学生。彼等皆是为我诱迫使然。至革命党虽多，但在安庆者，实我一人。因排满事欲创光复军，助我者仅光复子、宗汉子两人，不可拖累无辜。我与孙文宗旨不合，他也未尝使我行刺。我自知即死，将我宗旨大要，亲书数语，使天下后世皆知我名，不胜荣幸之至！

是晚锡麟即被解赴东辕门外刑场,对人云:"功名富贵,非所乐意,今日得此,死亦无憾。"遂就义。年三十五岁。斩后即被挖心祭恩铭。宗汉先供姓名为黄复,及被查出,拷掠毒楚,七月十六日亦被杀。锡麟弟徐伟被捕于九江,供锡麟妻王氏(**改名徐振汉,时留学日本。**)与秋瑾、陶成章、龚宝铨等皆同谋革命。绍兴士绅胡道南复密告秋瑾、竺绍康等私藏军火,请严加预防。知府贵福遂微服赴省请兵,往大通学堂掩捕。秋瑾原约五月二十六日与锡麟同举义,旋因时间仓卒,改期为六月初十日。但各县会党已跃跃欲试矣,于是风声渐泄,清军大索党人,武义、金华各方面相继败露,而锡麟亦仓卒起事被杀。瑾拟待嵊县党军到后再袭绍城,已派大通体育会学生二十馀人赴杭埋伏。六月初四日,清兵至,不敢遽进,学生劝其速逃,瑾不肯,但命学生将枪械匿藏。令办事人员先走。清兵开枪横击,学生死二人,瑾在内舍被执,同时就捕者,尚有教员程毅、来宾蒋纪,及学生徐颂扬、钱应仁、吕松植、王植槐等六人。皆转押山阴县署,被审讯时,瑾态度安详,默不一语。施之酷刑,仍忍痛不言。强迫作供状,始写一"秋"字。再三逼迫,勉成"秋雨秋风愁煞人"七字。贵福与瑾平日颇有往还,虑其攀连,乃就其文稿中摭取数则,断章取义,加以罪名,狱遂成。初六日晨四时,就义于轩亭口下。其友徐寄尘、吴芝瑛收其遗骸,兆于杭州西湖西泠桥畔。锡麟骸骨,亦于民国后由浙人移兆于西湖孤山之麓,皆共湖山永垂不朽矣。当锡麟事发后,清廷拟恢复族刑,以戒将来。肃亲王善耆竭力反对,其言曰:"革命党人,早已甘心鼎镬,不畏一死,酷刑重罚,决难禁止其谋。为今之计,只宜刷新政治,以去党人口实,宽容党人,开其自新之路。因势利导，祸患自可消灭，倘株连九族，则起咫尺之水，搏之可使过颡；一泓之波，积之或至滔天；岂是善计？"族刑遂未复，但查抄徐、王（岳家）两姓家产而已。惟秋瑾之夫王廷钧（湖南人）因与瑾早在留日前已分居，竟未受祸。此举因锡麟捐官入仕，溅血五步，使清吏有防不胜防之感，皆大起恐慌。端方即电告铁良曰："自是而后，我辈将无安枕日。朝廷不如放开手段，力图改良，期有益于天下。"至浙抚张曾敭、绍兴知府贵福，均以办理秋瑾案罗织成狱，株连甚众，激动公愤。曾敭、贵福均求调他省，为他省人所拒（贵福刑幕陈某、山阴县知县李某均以争此案不平被撤。及省委道员陈翼栋至，查阅案卷，亦有责言。浙人因此大哗。张曾敭不安于浙，求他调，乃移抚江苏，苏人拒之，更调山西，晋人又拒之。张知不见容于人，乃乞病。贵福亦以此不自安求调，乃移守安徽之宁国，宁国人亦拒之，遂不知所终。告密之胡绅，后亦为人所杀）。可见此案激动人心之广，对于革命运动之影响，实较同时中山在两粤、云南所发动之六次革命为大也。

（《清代通史》卷下第六编）

秋瑾轶事

卷 一

祖　上

　　天水秋氏，世居绍兴山阴县西南二十里之福全山，聚族而处，耕织自给。传至某世，有兄弟两人，弗乐耕耨，请于父，愿就外傅，父不许。兄弟窃就村塾请业，深夜同榻，置瓦灯于侧，共枕而读，如是者数年，父不知也。俄而次子以瘵没，父廉得其情，禁之益厉。某岁，长子饰辞晋郡，应童子试，一战而捷，名列前茅，贺喜者踵门，父犹疑其误。子归，询之良确，大喜过望。自是吾族遂以耕读传家，渐负乡望。传至高祖讳学礼，字立亭，官秀水教谕。曾祖讳家丞，字砚云，官江苏华亭、青浦、上海、南汇等县知县，邳州知州。祖讳嘉禾，字露轩，官福建厦门海防厅同知补用知府。父寿南，字益山，号星侯，三品衔，官湖南郴州直隶州知州。四世均登贤书，乃为越中右族矣。

（秋宗章：《六六私乘》）

兄弟姊妹

予兄弟姊妹凡四人。长兄誉章,字徕绩,附生,候选训导。伯姊闺瑾(后易名瑾),字璇卿,自号竞雄,别署鉴湖女侠。仲姊闺珵(后易名珵)字佩卿。予次居最幼。

(秋宗章:《六六私乘》)

生于福建

一

先大父宦闽久,先君随侍,全眷侨寓,故伯姊实生于闽,时为光绪元年夏正十月十一日也。

(秋宗章:《六六私乘》)

二

君讳瑾,字璿卿,又字竞雄,自号鉴湖女侠,越之山阴人也。家世仕宦。少长闽中。

(徐自华:《鉴湖女侠秋君墓表》)

三

秋瑾字璿卿,浙江绍兴人也。家世仕宦,故君生于闽。

(陈去病:《鉴湖女侠秋瑾传》)

愤恨侵略

一

厦门在鸦片战争后，为英帝国主义强辟为商埠，秋瑾童年，眼见英国教士态度恶劣，屡屡持强闯进祖父办公处所，提出无理要求，百般侮辱。老人的愤慨，播下了秋瑾革命的种子，助长了秋瑾革命的根苗。

二

七月　法国侵略者的军舰两艘，闯入福建闽江口，八月四日进犯台湾基隆骚扰，屠杀中国人民。二十四日，进攻马尾，中法正式宣战。秋瑾对外国侵略者非常憎恨，她曾对母亲说："红毛人这样厉害，这样下去，中国人要成为他们的奴隶了！"

（秋高：《秋瑾轶事》）

少年时事

先大父昆季凡五。三伯祖鹄卿公，官江苏奉贤县知县，殁后无子。三伯祖母茕独无依，请于先大父，命先二叔赓山公为嗣，由是煦妪有加，爱如己出。一日伏暑，市瓜果陈列几案，己不忍食，将留以俟嗣子。吾姊偕伯兄侍侧，童牙何知，馋涎欲滴，既不敢请，三伯祖母亦视若无睹。俄为先妣单太淑人所觑，潜自僻隅以手招之归室，痛？无算。少顷，仍赐饼饵分啖之。自此兄弟辈相戒不敢复尔。吾垂髫时，先大姊偶举前事以告，且诏之曰："兹虽细故，亦可以见吾母督教之严也。"

（秋宗章：《六六私乘补遗》）

回到原籍

一

（秋瑾）数岁后返越，随兄就外傅，先妣单太淑人亦识字知书，督课綦严；稍长，辍学习女红。

（秋宗章：《关于秋瑾与六月霜》）

二

一八九〇年，当秋瑾十六岁的时候，祖父嘉禾因受不了外国人的欺压，带着家眷离开厦门，回到故乡，在绍兴南门租了一所叫和畅堂的房屋。这所房屋，原为明朝神宗时大学士朱赓的别墅，完全是明代建筑形式，三间四进，虽不甚高敞，房间却是不少，后面靠着塔山，环境幽静。秋瑾就住在第二进左边楼下，少年时代的诗词，都是在这里写成的，而成仁前秘密革命工作，也是在这里进行的。

（《记秋瑾》）

幼读诗书

（秋瑾）幼与兄妹同读家塾，天资颖慧，过目成诵，为先君所钟爱。教以吟咏，偶成小诗，清丽可诵。……先妣单太淑人，系出名门，亦读书识字，遂自课之，盖慈母而兼师保焉。

（秋宗章：《六六私乘》）

初习诗作

秋瑾天资聪明，加以努力学习，十一岁已会作诗，常常捧着杜少陵、辛稼轩等诗词集，吟哦不已。单太夫人雅擅诗文，循循善诱。

（徐双韵：《记秋瑾》）

娴于词令

（秋瑾）读书通大义，娴于词令，工诗文词，著作甚美。

（陈去病：《鉴湖女侠秋瑾传》）

渐习女红

（秋瑾）及笄以后，渐习女红，尤擅刺绣，虫鸟花卉，阴阳反背,自出心裁,靡不毕肖。顾性不乐此,旋即弃去,时复把卷伊吾如宿儒。

(秋宗章:《六六私乘》)

革命思想之启蒙

(秋瑾)年十五,操笔为诗文,琅琅可诵。暇辄喜启父书橱,得读黄梨洲《明夷待访录》,顾亭林《天下郡国利病书》及罗兰夫人故事,乃大喜过望。而民族意识,革命思想,遂胚于此时矣。

(《同光风云录》上篇)

习艺健身

一

秋瑾在外婆家向她的表兄弟单老四学习使棒、舞剑等武术,单老四有一手好武艺,秋瑾用全神贯注学习武艺,很快学会了许多武艺和骑马驰骋的本领。

(秋高:《秋瑾轶事》)

二

秋瑾在厦门时,常常听母亲谈起,在萧山的舅父和表兄弟都习武艺，很有功力。因此，她回绍兴不久，就随母亲到萧山单家，学会了骑马击剑，跳高跳远。

(《记秋瑾》)

没有"架子"

秋瑾在十七八岁的时候，常回老家漓渚复船山去。回到村里，总常是脱下鞋袜帮助乡亲们车水、拔草，一点没有"千金小姐"的架子。

(《秋瑾少年时代一二事》)

帮助族伯

当年，秋瑾有个族伯，是位穷秀才。因为他年轻时算过命，说将来定有官运，所以一直来不从事劳动，非常飘飘然，等着"官运"的到来。可是一连参加科举考试，他并没有能捞到一官半职，生活倒却越过越穷，弄得快要讨饭了。秋瑾回到老家，知道了有这样一位可怜的族伯，倒也十分同情他的遭遇，更为他的愚蠢而着急。在秋瑾的激情劝导下，这位族伯才觉醒过来，参加了农业劳动，总算没有最后弄得贫困潦倒，活活饿死。

秋家原有几分薄田租给姓曹的一位农民种的。那年，复船山一带闹了灾荒，粮食减了产。曹姓农民到秋家来说情，要求减租。秋瑾盘问了他的家庭情况，很是同情。她竭力说服了妈妈免了他的租，还送了他一袋米和自己积蓄下来的几块钱。

（《秋瑾少年时代一二事》）

女中豪杰

（秋瑾）又好《剑侠传》，习骑马，善饮酒，慕朱家郭解之为人；明媚倜傥，俨然花木兰、秦良玉之伦也。

（陈去病：《鉴湖女侠秋瑾传》）

平时秋瑾总喜欢骑马下乡游览，别人骑马不能上山，她能上山，而且每到一处，不是打拳、舞刀，就是吟诗、唱歌。写诗时，总喜欢给一些地方命个新鲜好听的名字。喜欢到农民家里去访问，经常劝妇女放脚、读书，争取自己的解放。

联姻王氏

一

光绪十年以后，先君膺余姚邵筱村中丞（友濂）之聘，为台湾抚院文案。中丞调湘，先君亦以直刺听鼓楚南。奉藩司何公檄，筦榷常德，量移湘潭。姊（秋瑾）方待字闺中，遂与邑绅王氏联姻，于光绪二十二年夏正正月初五日成礼。

（秋宗章：《六六私乘》）

二

  湘乡有巨绅曾氏者,为文正公之后,故与湘潭王氏有戚谊,因为姊(秋瑾)作蹇脩,申婚姻之好,于光绪二十二年四月初五日成礼。王氏先世以商业起家,富甲一郡,生子四人,姊婿廷钧,字子芳,行次,最幼,美丰姿,状貌如妇人女子,第质美弗学,论其造诣,远不如我姊。

(秋宗章:《关于秋瑾与六月霜》)

自号鉴湖女侠

  瑾见中国自甲午以来,日以不振,庚子拳匪之难,几召瓜分之祸,而祸实兆于异族之孱庸。且以炎黄之子孙,而二百余年伏处异族专制政体之下,俯首帖耳,无敢出气,亦我四万万汉族男女同胞之羞,遂骎骎乎有为女界胜广之志,因自号鉴湖女侠云。

(悲生:《秋瑾传》)

"必先殄群奸而后可"

  瑾为人轻死尚义,疾恶如仇,发一言,则以不能实行为耻。尝自诵曰:"欲锄非种,必先殄群奸而后可。"

(悲生:《秋瑾传》)

瑟琴异趣

一

婿字子芳,行四,风度翩翩,状貌如妇人女子。姊(秋瑾)转伉爽若须眉,瑟琴异趣,伉俪不甚相得。越岁五月二十八日,生子沅德,字仲瀛。辛丑八月二十五日,生女灿芝,字桂芬。

(秋宗章:《六六私乘》)

二

廷钧之父在湘潭由义街开设义源当铺,积资巨万。婚姻是她父亲在湖南作州县官时所订的,迫于父母之命,而非她(秋瑾)所心愿。其咏谢道韫诗中有"可怜谢道韫,不嫁鲍参军"之句,可见她对于婚姻的不满。

(王时泽:《回忆秋瑾》)

欲感召夫婿

甲午中日大战后,清廷弱点,完全暴露,康有为、梁启超等,倡导变法维新,孙中山鼓吹革命排满,女侠(秋瑾)年方十八,芳心怦然动……女侠虽不惬于婚事,然颇欲感召夫婿,同作革命之志士。

(《同光风云录》上篇)

婆媳不和

祖母性情暴躁而善怒,合家都怕她。稍不如意,就必大骂,子媳在家,每日早午晚,必须请安三次,她若是发怒,就必自长至幼,罗跪于她姐膝前请罪,其怒始可平息。母亲(秋瑾)性亦激烈,故婆媳之间,遂致积不相容。

(王灿芝:《我的家庭和生活史略》)

创办钱庄

与王氏合资创和济钱肆于城内十三总(地名),逐十一利,以济日用,亦由姊(秋瑾)孑身远嫔,不欲睽违亲属,从其志也。

(秋宗章:《六六私乘》)

钱庄倒闭

钱肆主者陈某,性刁狡,貌为谨愿。欺先兄之不谙阛阓利弊,姊(秋瑾)又日处深闺,为旧礼教所束缚,不能躬往稽核。且待人接物,胸无城府,亦不虞有他,陈某遂得上下其手,任意侵渔。翌年岁杪,母金尽耗,宣布清理。人欠无法追偿,欠人则必须归清。湘潭旧例,各钱肆得发钱票,每币计值制钱一串。至是,持票者纷纷兑现。先兄为信誉计,悉索敝赋,破产以偿,姊亦典钗鬻珥以继之。顾陈某包藏祸心，犹施鬼蜮，窃已兑之票，自后户出，遣其爪牙，伪作贩夫状，复由前门入肆兑现，先兄据案持筹核算，不暇旁骛，未烛其奸。肆伙故与陈某沆瀣一气，立予付款，不稍留难。转辗弊混，又损资巨万。其初犹欲背城借一，重振旗鼓，卒以后难为继，无力复兴。然损失虽巨，一无蒂欠。贾人相传，谓为他肆所未有。邑中某姓，至欲以五百金购"和济"市招，续营钱业，兄及姊均靳而弗与。

（秋宗章：《六六私乘》）

宽大待人

戚友中有深悉陈某之奸者，托兄之名，讦之于县。县令拘陈某押追。姊（秋瑾）悯之，语兄曰："资产既去，不可复返。虽科陈某监盗或侵匿之罪，九死以蔽其辜，于事胡济？宽大待人，其宥之便。"兄以为然，为言于县令，释之去，邑人咸誉为盛德。后闻陈某匿资作富家翁，广营田宅，而三五年间，祝融肆虐，庐舍为墟，有子不肖，依然赤贫，亦可见报施之弗爽矣。

（秋宗章：《六六私乘》）

爱护弟弟

有一事为予所毕生不能忘者，其事甚细，而姊之爱弟，无微不至，已可于此觇之。当余七龄时，读于家塾，姊介湘人袁某来就西席。其人颇有文名,顾年少气盛,不知诱掖,动施夏楚。先兄及姊犹谓朴作教刑,故自无碍。是岁,予右耳根溃烂,历久弗痊。一日,因诵书不熟,袁某以戒尺击案示威。予惧而走避,触彼之怒,以拇食两指钳予右耳,牵之令前,用力过猛,耳根之肉,脱离过半,血涔涔下,余痛极大号。家人询得其故,亦斥袁之不能为人师。姊适归宁,睹之恚甚,立下逐客之令。明日,袁遂辞馆而去。数年后,姊自东瀛归里,偶话前事,犹为愤愤。袁亦东渡留学,异国相逢,不无芥蒂,乃至彼此未通闻问。事之起因,良由予之鲁钝,然师道如此,宁得谓为循循善诱乎!

(秋宗章:《六六私乘》)

与弟分离

先君居官,以清廉著。鹤俸所积,原非丰裕。脱令子侄力保先畴,兢兢业业,犹可毋虞冻馁。既丁"和济"之变,则一败涂地,资产荡然。异地不可久留,乃摒挡作归计。罗掘所有,得数百金。扶先君灵榇,于癸卯五月旋里。犹忆成行之先日,予偕侄辈往王宅谒姊(秋瑾)辞行。姊虽不作儿女之态,顾骨肉远离,相逢无日,亦不禁黯然。临歧,丁宁频数。予侪惟含泪应之。

(秋宗章:《六六私乘》)

秋瑾轶事

卷二

随夫进京

一

光绪壬寅，秋瑾初至京师，寓南横街圆通观斜对一小宅，终日蛰居，非其所亲，见之辄敛避。

（徐珂：《清稗类钞》）

二

自予家归里后，姊（秋瑾）婿子芳入赀为小京官，携眷北上。当是时清廷失纲，亲贵用事。值甲午、庚子两次丧师辱国，赔款亿兆，累卵之危，岌岌不可终日。而君酣臣嬉，泄泄沓沓，犹不知振作。

（秋宗章：《六六私乘》）

三

王廷钧在清政府捐了一个户部主事的官职,就带秋瑾到北京居住。

(徐双韵:《记秋瑾》)

海上遇险

新捐主事王某,湘人也。其夫人(秋瑾)夙饶风度,亦擅诗名。因其藁砧入都,因都偕行,冀一穷渤海之壮观,揽燕台之胜景。船甫入口,西人来验病者,见其姿采异人,遂与调笑。幸主政力为排解,得免于辱。

(梁启超:《悲奴篇》)

以救国为己任

一

王廷钧于一九〇二年进京捐官,秋(瑾)随他同游北京。当时正值义和团运动失败之后,她目睹帝国主义在中国的猖獗横行,清朝政府的昏庸腐朽,忧愤填膺,决然以救国为己任。

(王时泽:《回忆秋瑾》)

二

姊（秋瑾）目击心伤，思以改革为己任，新书新报，靡不浏览。所受刺激既深，持论亦益烈。稠人广坐，议论风发，豪情胜概，不可一世。尝摄舞剑小像，又作《宝刀歌》、《剑歌》以见志，和者甚众。

（秋宗章：《六六私乘》）

三

尝摄舞剑小像，又作《宝刀歌》、《剑歌》以见志，和者甚众。女士（秋瑾）原作极佳，有上下千古、慷慨悲歌之至。

吴芝瑛：《记秋女士遗事》）

四

值庚子变乱，时事益亟，君居京师，见之独慨然太息曰："人生处世当匡济艰危，以吐抱负，宁能米盐琐屑终其身乎？"

（《碑传集补》）

夫妻不和

一

（中秋节）王廷钧原说好要在家宴客，嘱秋瑾准备。但到傍晚，就被人拉去逛窑子、吃花酒去了。秋瑾收拾了酒菜，也想出去散心，就第一次着男装偕小厮去戏园看戏，不料被王发觉，归来动手打了秋瑾。她一怒之下，就走出阜外，在泰顺客栈住下。后在王央请廉泉之妻吴芝瑛将她接到廉家新宅纱帽胡同暂住。

(徐自华：《炉边琐忆》)

二

王子方，湖南湘乡县人，祖军功武职，父营商业，为予方纳资为主事，签分工部。清时京官恃印结费为生，印结者，出仕人分发引见，需同乡京官出具认识并无违碍甘结，而纳费若干，苏浙之外，以湖南收入最多，每员月可分得数十乃至百数十金，一般富家子弟，多捐部曹而坐食此息，予方当然不能例外，女士意殊不屑，然此类京官如习举业，仍可以附监生资格，赴顺天乡闱，取科第显达。子方为人美丰仪，翩翩浊世佳公子也，顾幼年失学，此途绝望，此为女士最痛心之事。交游中桐城吴芝瑛，与廉惠卿（泉）伉俪甚笃，每言之，至声泪俱下，多所刺激，伉俪之间，根本参商，益以到京以来，独立门户，家务琐琐，参商尤甚，迹不能掩，于时廉吴夫妇，吾家陶杏南、姬人倪荻倚，及予妻宋湘妚，无数次奔走为调入，卒无效，

(陶在东：《秋瑾轶闻》)

各自为谋

瑾笃信新学，鄙薄官邪，渐与王意见不合，经同乡戚友陶大钧、陈静斋为之和解；不得，乃相与定约分家产，各自为谋。

（冯自由：《革命逸史》）

与刘少少之过从

刘少少，主《帝国日报》社论，女士（秋瑾）尝从之游，多所论列，是为由文学入政事之始，每有撰述，辄倩予视草，仍以吟咏唱和为多。所留笔迹，后均付兵燹，最为可惜，计过从可一年。

（陶在东：《秋瑾遗闻》）

名士派

女士（秋瑾）首髻而足靴，青布之袍，略无脂粉，雇乘街车，跨车辕坐，与车夫并，手一卷书。北方妇人乘车，垂帘深坐，非仆婢，无跨辕者，故市人睹之怪诧，在女士则名士派耳。

（陶在东：《秋瑾遗闻》）

订交吴芝瑛

一

桐城吴芝瑛女士者，挚甫先生（汝纶）犹女，为梁溪廉惠卿（泉）德配。惠卿官户部郎中，偕居京邸。女士幼承家学，尤精八法，诗文转为书名所掩。于时人少所许可，邂逅论交，独倾倒于姊（秋瑾），结金兰之契，女士稍长，妹之。两情爱好，不啻同怀，居处密迩，过从酬唱无虚日，惜随手散佚，稿已不可得见。

（秋宗章:《六六私乘》）

二

廷钧纳资为郎，偕君（秋瑾）入京师，因得识其夫同官廉泉妻桐城吴夫人芝瑛。文采昭曜，盛极一时，见者咸惊以为瑚珊玉树之齐辉而并美也。

（陈去病:《鉴湖女侠秋瑾传》）

三

子芳同官之无锡人廉泉，字惠乡，夫人吴芝瑛，桐城古文家吴汝纶之侄女，通学术，性豪放，识女侠，欢若平生，遂结为异姓姊妹。女侠尝赠以诗云："曾因同调访天涯，知己相逢乐自谐。不结死生盟总泛，共吹壎篪韵应佳。芝兰气味心心印，金石襟怀默默谐。文字之交管鲍谊，愿今相爱莫相乖。"诗固平常，而情感之丰富，则跃然纸上。

（《同光风云录》上篇）

四

秋瑾在北京，住南半截胡同，认识了王廷钧的同事无锡人廉泉的夫人吴芝瑛女士，两家又为毗邻，且在文学上有同等的造诣，日夕过从，情同姊妹，大有相见恨晚之感。秋瑾在吴家经常阅读当时的新书报，因而对旧民主主义有了进一步的认识。

（徐双韵：《记秋瑾》）

拜访吕碧城

都中来访者甚众，秋瑾其一焉。据云彼亦号碧城，郡人士见余著作谓出彼手，彼故来津探访，相见之下，竟慨然取消其"碧城"号，因余名已大著，故让避也。犹忆其名刺为红笺，印"秋闺瑾"三字。馆役高某举而报曰："来了一位梳头的爷们。"盖其时秋已男装，而仍拥髻，长身玉立，双眸炯然，风度已异庸流。主人款留之，与余同榻寝。次晨，余睡眼朦胧，睹之大惊，因先瞥见其官式皂靴之双足，认为男子也。彼方就床头皮小奁，敷粉于鼻。

（《吕碧城集》）

倡男女平权

姊（秋瑾）之思想既甚变迁,乃首倡男女平权之说,尝语女士曰:"女子当有学问,求自立,不当事事仰给男子。今日志士昌言革命,吾谓革命当自家庭始。"女士然之,惟以凡所云云,锋芒太露,足使腐儒掩耳,骇世惊俗,时时戒以慎言。姊曰:"吾所持宗旨如此,异日女学大兴,数十年后,必能达吾目的。然不有倡之,谁与赓续也?"

（秋宗章:《六六私乘》）

（按:并见吴芝瑛所撰《记秋女士遗事》）

参加妇女座谈会

二月的某一天。座谈会在欧阳夫人家举行。室内四面的书架上堆满了书,不大的房间收拾得很干净,桌上摆着插着花的花瓶。天气虽说已是初春,但从昨夜起,朔风凛冽,吹得窗户啪啪作响。室内洒满阳光,炉中炭火融融,温暖如春。今天到会的人甚少,连常见的二、三位都没来,推说有事走不开。只有欧阳夫人、吴芝瑛夫人和陶大均夫人母女和我。欧阳夫人说:"这也好,都是真心朋友。不过到会的人太少,真对不起师母"。象往常那样先读中国书,再读日本书,其实都是些高等女子中学一年级的课本。然后是问答和随意交谈。读完书,正在谈话时,丫头进来向欧阳夫人耳语了几句,夫人稍加思索,向我行了一个礼起身出去了。

不多一会儿，夫人回来，皱着眉头带着为难的神色对我说："适才我的一位朋友来了，她想入会，不知您同意吗？"我若无其事地说："好啊，我很高兴见一见"。夫人行礼出去将她的朋友领进屋来。

想不到出现在我面前的朋友，究竟是男还是女？高高的个头，蓬松的黑发梳成西洋式发型，蓝色的鸭舌帽盖住了半只耳朵，蓝色的旧西服穿在身上很不合体，袖头长得几乎全部盖住了她那白嫩的手。手中提一根细手杖，肥大的裤管下面露出茶色的皮鞋，胸前系着一条绿色的领带，睑色白得发青，大眼睛、高鼻梁、薄嘴唇。身材苗条，好一个潇洒的青年。欧阳夫人靠近我说："这就是我的朋友。"没等欧阳夫人说完，青年就大声说："我叫王秋瑾。"我伸过手跟他握手，吴夫人低着脑袋对我说："师母别见怪，这位王太太，是我的朋友"。啊！原来是女扮男装！吴夫人扭过头去命令似地对她说："给师母敬礼！"男装妇人微微一笑，丢下手杖，向我行了半跪礼。我双手扶起，让她坐在我的旁边。这女子一口浙江口音，讲得又快，常有听不懂的话。这时欧阳夫人就翻译给我听。我依中国的习惯先问她住在哪儿？她这位男装的美人快嘴快舌地答道："前门外。"欧阳夫人说："这位太太的丈夫在前门外开了很大的铺子。她却很爱读书，也有学问。"不知这位男装美人是否因为初次见面，她不大跟我说话，只和二位夫人谈，三个南方口音加在一起，很多地方听不懂。大意是批评留日学生的来信，思想颇为尖锐。吴夫人显得很为难，欧阳夫人瞅瞅我，又给她使使眼色，陶夫人和女儿早离开了座位，我靠着椅子闭上眼低声吟诗。

这时，吴夫人对她说："妹妹，今天是座谈会，您已经被批准入会了,可向师母请教的。"王太太点点头,瞅着我的脸说:"敢问,夫人是保守派,还是革新派?"当然她这样问也无不可。我不禁一笑,说:"我是孔子的信徒。"她嘟嘟囔囔地说:"孔子的信徒,那就是唯女子与小人为难养也的信徒啰!"二位夫人担心地看着我。不知怎地,我见了她很是高兴,我说:"是的,我是孔子的信徒。孔子说:'唯女子与小人为难养也',这里所说的女子另有一番意思。不过这句话从某个角度上讲也可以说是一句格言。现在不是说:'女子无才便是德'吗?就是说女子有了学问害多益少。这是对妇女的侮辱。也可以说是当头一棒。我希望我们注意自身的修养,而不必去计较这些事情。我一向佩服中国女子有勇气、好学习,所以我才说这些话。我们都是女人,应该冲破国界,同病相怜,同胞相爱。我们虽初次见面,向你说这些话,是完全出于好意。"王太太口中念念有词,欧阳、吴夫人频频点头称是。

(〈日〉服部繁子:《回忆秋瑾女士》)

吐露心声

二月的天空朗朗无风。这天下午,我和王秋瑾女士对坐在我家火炉旁。这是前一天约好的,秋瑾今天来到我家。今天她不象那天那样骚动,显得很文静。还是穿的那身宽大的蓝色西服,越看越像个南方的娉婷美人。她有林黛玉一样苗条的身材,虽有好屈身的毛病,但举止和她的美颇为协调。

"秋瑾君,听到你的名字,令人想起白乐天的诗来。那首诗读起来令人想到女人的悲哀,而你却是幸福的。"

"哦,我的名字好像是从那首诗中取来的,后来将槿改为瑾。"秋瑾今天谈话温和多了。

"秋瑾,你女扮男装又穿西服,是出自何种主意?我大致能猜出几分,不知对否?还是你自己谈谈吧!"

秋瑾脸上泛起一阵红晕,翘起薄薄的嘴唇说:"太太您是知道的,在中国是男子强,女子弱,女子受压迫。我要成为男人一样的强者,所以我要先从外貌上象个男人,再从心理上也成为男人。留辫子是异族人的习俗,不是中国人的装束,所以我穿西服。太太您说不对吗?"

我赞许地点点头。"那你是强者中的强者啰。"

"是的。"秋瑾有点不好意思地答道。

我很同情地望着她。"我和你的想法略有不同。女子生来决不比男子差,作为人都是平等的。虽说不能同权,但孔子说的孝不仅限于对父亲的孝,而是对父母双方的孝,即在家庭中男女是平权的。你女扮男装有点孩子气了。由羡慕男子而摹仿男子的形态,这样做毋宁说有些卑屈了。穿了男子的服装,但身体是换不了的,女子到哪里也是个女子,要毫不自卑地、堂堂正正地活着,才能让男人敬慕。"

我说这些话时,秋瑾瞪大了眼睛望着我,一会儿,她的口气便软下来。"夫人说的也有道理。不过,我还是坚持我的意见。"

"那也好,这随你的便。秋瑾,我想问问你们家庭的事。"秋瑾兴致勃勃地给我谈起她的家庭。原来,她丈夫也是个南方富户,比秋瑾小两岁。他们有两个孩子,都才四、五岁。小丈夫温文善良,对秋瑾的意志和行动一点也不加约束,秋瑾自由得很。我拉着秋瑾的手说:"在你家里你是男的,你丈夫是女的,你是你们家庭中的女王,不,是女神。中国有句话叫'怕老婆',就是说在家里有威严的女神。你便是女神的典范,你丈夫是女神的崇拜者。"

秋瑾圆圆的眼睛骨溜溜一转说:"夫人,我的家庭太和睦了。我对这种和睦总觉得有所不满足,甚至有厌倦的情绪。我希望我丈夫强暴一些,强暴地压迫我,这样我才能鼓起勇气来和男人抗争。……不不,这并不是为我个人的事,是为天下女子,我要让男人屈服。夫人,我要做出男人也做不到的事情。"

我伤感地望着她。"秋瑾,你沉溺于空想,而理想太少。家庭不是儿戏,所谓希望丈夫强暴一点就好了之类的话,那不过是嘲笑这家的媳妇。男人强是男人的本性,但有时也软弱;女子弱是女子的本性,但有时也坚强。女子毕竟是女子,你硬要战胜男人,反而表现出你软弱的本性。"

秋瑾略改口气说:"不过,夫人,我不甘心无所事事地活着,我一定要胜过男人。夫人有什么方法,请教给我吧。"接着又说:"恳请夫人赐教,您对革命有什么高见?"

我愣了。"革命?秋瑾,我们日本是奉戴万世一系的天皇的国家。一听'革命'这个词就觉得讨厌"。我现出为难的神色,秋瑾忙拉着我的手笑着说:"不,不,我不是说日本,我说我们中国。把异族人拥为天子,这是多么耻辱啊!"说到这里,可看出秋瑾的思想过于激进。"革命"是中国时常出现的一种流行病,秋瑾也正患着这种病。

(〈日〉服部繁子:《回忆秋瑾女士》)

埃尘中花也一样开

过了四、五天,我应邀去秋瑾家访问。她的住宅在前门外浙江会馆旁边的商店街上,与堂皇的官宅不一样,没有大门,简陋得很。秋瑾今天是女装的打扮,黑上衣,灰色裙子,下蹬一双绣花鞋,出来迎接我,真是王太太的打扮了。书架上胡乱地放着书籍和衣服。瓜子皮、果皮撒在屋角里发出一股异臭,并不很清洁。秋瑾的丈夫也跟了出来,白脸皮,很少相。一看就是那种可怜巴巴的、温顺的青年。他腼腆地对我施礼,秋瑾又对他低声说了几句,他又施一礼便走了,好像是出门了。

秋瑾笑盈盈地说:"比起满人官吏家的房子来,这是一间小屋,而且又不干净。可是埃尘中花也一样开。"

我也笑着说:"水底真珠也放光。"秋瑾听了显得很高兴。"你是孔子的信徒,我是异教徒。近来相识,又彼此敬爱,说来真奇怪。"我提出想见见孩子,她说嫌烦乱,让佣人带出去玩了。于是我独自受到了款待。

(〈日〉服部繁子:《回忆秋瑾女士》)

憧憬美国

秋瑾一向憧憬美国,今年内就打算去美国,现在正学英语,听说她丈夫也同意她去美国。我认为去美国对她颇适宜,也赞成她去。我对中国满汉两族妇女都很喜欢,尽管她们有些不同之处。吴夫人、欧阳夫人是我的朋友,连这个有危险思想的秋瑾,也是我们好朋友。她那身不合体的蓝西服,松垮垮垂下的领带,提一根细手杖,装模作样的让人讨厌。就是这样一个人,我对她却感到由衷的怜悯。从那时起,秋瑾不大出席座谈会了。她常到我家来,我们用英语和日语交谈。……

这一天秋瑾来了。她身穿一件白色水手服,飒爽英姿。因和我同行,她露出抑制不住的喜悦。我问秋瑾:"你去美国搞点什么研究?"秋瑾得意地说:"想学法律。""我也喜爱法律。不过,你到美国好好研究一下妇女问题如何?在中国家庭中妇女问题太多。虽说这一问题早已有之,可从现代来看,这对家庭的和睦及经济上都是无益的。美国是人权发达的国家,研究这个问题正合适。"秋瑾瞅着我的脸说:"我才不呢,家庭问题成山,搞那研究太无聊,在我们国家是尊敬皱纹,崇拜白头发。这势力简直不可抗拒。我要插手那种事情早该发霉了。我坚决要干那种让男人瞠目结舌的事情。"我失声笑出来,心想这人真怪,便说:

"这种话倒象是你说的!秋瑾,你名誉心太重,想以自己作首诗。你所说的那种让人瞠目以视的事情或许不是什么好的事情吧"。

秋瑾摇摇头说:"太太,我常那么想,但我决不干坏事情。""你认为不是坏事情,或许正是坏事情。"我们俩人都笑了。

(〈日〉服部繁子:《回忆秋瑾女士》)

想去日本

待了一会儿，秋瑾又说："太太，我早就希望去美国，直到最近还这么想。可这一会儿我改变主意了，想去东京了。"

我感到很意外，不，到不如说早有预感。秋瑾和平时不同，犹豫不决地说："我自己也搞不清是怎么起的这个念头，这么想去美国，又改成去日本。这恐怕是和太太作朋友以来产生的吧。太太和我见解不同，可太太喜欢我，我也喜欢太太。就像水与火性质不同，可带给人的利害确实一样的。我现在还不了解日本妇女，也不感兴趣。平时，我甚至有些瞧不起日本，然而和太太交朋友以来就产生了到日本留学的念头。太太，带我去东京留学吧。"她说话时颇认真。

我亲切地对秋瑾说："你想去东京留学，这也是我所希望的，但我却不赞成。因为我们日本是尊敬皱纹，崇拜白发的，而这正是你所厌恶的。所以说去日本对你不适合。你还是去美国好，只是不知道美国是否能合乎你的主义。反正去日本留学我是不赞成的。"我嘴上这么说，心里却想，将她带到东京受教育也许很有意义，这一天秋瑾也没下最后决心便分别了。

（〈日〉服部繁子：《回忆秋瑾女士》）

夫君说项

六月了。北京的六月真热，若在日本正值梅雨季节，温度不会太高；北京的六月有点像日本的七月那么热。战争仍在继续，但航海已不是那么令人担忧了。月底我就要带着孩子启程了，预定在日本住两个月。一天，吴夫人来找我，说秋瑾热衷于去东京，请求我把她带去。我同丈夫商量，丈夫不同意。又一天，我因事走访内田公使夫人，公使夫人不知听谁说我要带秋瑾去东京留学，便对我说，那个女子是新思想派，你带这种人去日本，我不敢赞同。我解释道，我并不想带她去，只是受朋友之托，正让我为难呢！

又一天，秋瑾的丈夫突然来访，说要见我，一见面还是那么腼腼腆腆的，有话想讲，又吞吞吐吐地讲不出来，我直截了当地问："你来有事吗？"他惶恐而又害羞地抬起眼皮说道："实在对不起，我有一事相求，贸然来到府上，请原谅！"

我心想一定是要我阻止秋瑾出国的吧。"夫人，听我妻子说她想随你去日本，你同意吗？""若是去美国，我同意和她同行到横滨。""不，不，我妻子现在更热望去日本。今天我就是来求夫人的，请答应我吧！"

我感到意外，此人大概是管不住妻子了吧？妻子去美国是早有打算，而且秋瑾的思想去美国也更为合适，所以我仍劝她去美国。

秋瑾的丈夫还是热切地说："可是，夫人，我妻子非常希望去日本，我阻止不了。如果夫人不答应带她去日本，她不知如何苦我呢，尽管她一去撇下两个幼儿，我还是请求你带她去吧！留学也好，观光也好，任她去吧。要是留学，在日本还有三、四个朋友，可以托他们照顾，不会给夫人添麻烦的，她是无论如何都要去的。与其让她跟别人去，不如拜托夫人更使我放心。我知道服部先生在日本是大学者，我感谢他帮助中国办新教育，我也钦佩夫人的仁慈，为中国的女子教育竭尽自己的力量。带她去吧！请夫人考虑。"

嘀！还真会说话哩！若我拒绝了他，他就会受到家庭女神的惩罚，那实在可怜，于是，我改口说："我可以带秋瑾去，但是提一点要求。"他恭敬地说："夫人对我有什么要求就说吧！我一定尽力去做。"

我噗嗤一下笑了。"不是对你有什么要求，是说秋瑾的思想太激进了，那是我们日本所不容的。如不改变她的思想，很遗憾，我是不能带她去的。"这话我说的非常坚定，他深深点点头说："我明白了，她的思想我也不赞成。好吧，只要她在贵国，我就不让她有这种思想。"我怀疑秋瑾是否肯依从他的话，而且此事不跟丈夫商量，也不能作明确答复，于是，当即就请他回去了。

两三天之后，秋瑾来了，讲好不在日本暴露她的思想。我丈夫听说这样，也同意带她去，只是不知后果如何？我心里也没底，吴夫人、欧阳夫人却很高兴，一再感谢我。

（〈日〉服部繁子：《回忆秋瑾女士》）

陶然亭话别

一

明年，姊东渡留学，诸女友置酒陶然亭祖帐，即席谱《临江仙》一阕，系以小引云："陶荻子夫人邀集陶然亭话别，紫英盟姊作擘窠书一联，以志别绪。驹隙光阴，聚无一载，风流云散，天各一方，不禁黯然，于焉有感。时余游日留学，紫英又欲南归。"词云："把酒论文欢正好，同心况有同情。阳关一曲暗飞声，离愁随马走，别恨绕江城。铁画银钩两行字，歧言无限丁宁。相逢异日可能凭？河梁携手处，千里暮云横。"此词外间流传甚少，因移录之，以实《私乘》。

（秋宗章：《六六私乘补遗》）

二

戊戌政变起后，革命风潮弥漫全国，女侠以忧时心切，乃作赴日留学计。惟两事须先解决者，一为夫妻离居之协议，一为经费之筹措。子芳亦解人也，谅其心，并赠金一万元。时同客都城之戚属陶杏南，与其日籍夫人狄子，狄子亦女侠之挚友，为饯别于北京陶然亭，吴芝瑛夫妇亦翩然莅止。女侠即席填词一阕，词云："把酒论文欢正好，同心况有同情，阳关一曲暗飞声，离愁随马走，别恨绕江城。铁画银钩两行字，歧言无限丁宁，相逢异日可能凭？河梁携手处，千里暮云横。"友朋依依不舍之情，流露殆尽矣。

（《同光风云录》上篇）

三

于是有东渡留学之志，而子芳不善之，靳弗与资。姊（秋瑾）遂脱簪珥，谋举费，勉强成行。京师相识诸姊妹，先期置酒城南陶然亭为祖帐，此光绪三十年秋间事也。

（秋宗章：《六六私乘》）

赴日留学

一

时天下丧乱，内外交哄，而中朝政治日益窳败，士习民风，奢侈逾度，竞为靡靡，几忘国势之日落，而深雠大耻之亟宜报也，（秋瑾）因日夜忽忽不乐。至甲辰夏，遽脱所御章服及裳珮之属，悉赠诸芝瑛，而东赴日本留学焉。

（陈去病：《鉴湖女侠秋瑾传》）

二

瑾得（家产）万金，所托非人，尽耗其资，乃尽以所有首饰托大钧妾荻意代为变卖，得资后东渡日本留学。

（冯自由：《革命逸史》）

三

秋瑾感于新的知识不够，就毅然立下留学东瀛的志愿。极端顽固的王廷钧，遂恃其封建夫权，封锁经济，且竟用下流手段，窃取秋瑾私蓄首饰，以阻其行。但秋瑾不为困难压倒，托同乡人陶大钧的日籍夫人荻子变卖余剩饰物，筹得旅费。

（徐双韵在《记秋瑾》）

四

光绪廿七年,与其夫俱游燕京,睹清廷之横暴昏庸,目眦为裂,愤然谓其夫曰:"日京为吾国志士汇萃之区,其间必多英杰,吾欲往游焉。亦以阴求天下奇士,为将来光复故物之一助,以尽国民之分于万一。"其夫止之曰:"尔所言,大逆不道,速闭尔口,非吾所乐闻也。且妇职中馈,远游亦非所宜!"瑾乃仰天长叹曰:"嗟呼!君与我敌体,而其志则与吾殊。吾亦安能郁郁久处此也!"遂违其夫,东渡日本。

(悲生:《秋瑾传》)

义救杨照

一

会宁河某君(疑即王照,字小航,宁河人,戊戌以礼部主事言事,超擢候补四品京堂。变政避日,复潜行归国,在京闻沈荩被逮而死,虑亦不免,乃至步军统领衙门投案,下刑部狱)以戊戌事自首,系刑部狱。姊闻之,乃分其金以应急,展转达狱中,属勿告姓名。迨宁河遇赦出狱(西后诏赦党人,王照出狱,复原官),始知之,而姊已东行。宁河寓书谢之,事后与人语,辄为流涕。然姊与宁河初不相识也。某女士赠诗有句云:"隐娘侠气原仙客,良玉英风岂女儿。"二语为能仿佛其生平云。

(秋宗章:《六六私乘》)

二

方欲启程时,前礼部主事王照因维新派嫌被拘下狱,她虽与王照素不识面,一闻此讯,即毅然分出学费一部分托人送去,作运动释放之用,还嘱送款人勿告诉何人送来。

(徐双韵:《记秋瑾》)

(按:并见吴芝瑛所撰《记秋女士遗事》)

启 程

六月二十八日,碧空晴朗,微风拂衣。我领着孩子,女佣奈美、奶妈阿滨一行四人来到永定门车站,因丈夫不同行,回日本接家属的高桥勇先生便答应在路上照顾我们。丈夫和秘书田中及其它几个人送我们到塘沽。

王秋瑾已在车厢中,今天没穿男装,而穿浅蓝色朴素的衣服,短发用帽子拢住,提着一个手提包坐在那儿。朝外一看,她丈夫领着两个孩子和奶妈正站在车前。五岁的女儿很像妈妈,圆眼睛,白白的脸盘,很漂亮。四岁的儿子则胖胖的脸,圆圆的身躯,穿蓝色坎肩,梳小辫的头上戴一顶帽子,正高兴的挥手。丈夫面带哀伤,发辫任风中吹得零乱,看着更让人痛心。可他还象一般丈夫应做的那样,提醒秋瑾一路保重,到日本后来信。两个孩子眼巴巴地望着忍心离去的母亲。秋瑾不住的点头,没说话,转过去的脸上也挂满了泪珠。到底是生离死别之情啊!看着又是妻子又是母亲的秋瑾,抛下两个幼儿……。而我自己仅仅是暂时离开丈夫，就感到胆怯，心中没有主意，因此，我对秋瑾油然升起一种钦佩之感。

一声汽笛，列车徐徐开动。我拉起秋瑾的手让她站在车窗前。秋瑾的丈夫抱起男孩向车中招手，奶妈抱着的小女儿也在招手，真是一幕悲剧啊！我和丈夫都说不出的难过，目送渐渐远离的送行的人。

（〈日〉服部繁子：《回忆秋瑾女士》）

上船出发

我们坐的船远远地停泊在海湾里，要乘汽艇才能到达。丈夫送我到汽艇上便和秘书田中回北京了。汽艇上多是妇女孩子，男客只有六、七人。汽艇开出去不一会儿，海面上刮起大风，浪头很大，大部分人晕船了。孩子们低声呻吟，我也头痛，奶妈倒下了，女佣人脸色铁青，可依然支撑着照看孩子。高桥忙不迭地照顾这，照顾那，只有秋瑾泰然自若。她抱住我，让我的背脊倚在她身上。她说，她是南方人，和水是朋友。如果风平浪静，汽艇只用一小时就能到大船。而我们则足足航行了三小时至五小时才到大船。因为浪大，汽艇无法靠近大船，只得用绳子捆住妇女、孩子的身子吊到大船上去，而男子则是用绳梯爬到大船上去的。我觉得用绳子把我吊上去，太不象样子，坚持要用绳梯，前面有秋瑾，后面有高桥保护着我，登上了大船。孩子们由船员抱上去的，女佣奈美用的是绳梯，而奶妈阿滨则是用绳子吊上去的。

这艘船叫因德本顿特（音译）号，是德国船。因为战争，日本的船全被国家征用，不载乘客。客船主要是租用德国船。所以船长是德国人；事务长、事务员是日本人。船上没有客舱，我的舱室是丈夫拜托船长腾出来的一间屋子，干净宽敞。孩子和我呆在这儿，奶妈佣人在下面货舱。高桥先生和事务员住在一起；秋瑾在不远的一间黑暗的小屋里，那也是别人的好意腾出来的。秋瑾常在我屋里，日语会话的水平也提高了。

船上乘客不多，除天津上车的二三位妇女以外，还有保定某学堂某教授的夫人，和她的看起来有二十三、四岁的年轻的妹妹。这位夫人身材瘦削、目光锐利，而妹妹却显得温顺，老是低着头，胆小怕见人，似乎有什么心事。筑田夫人常在船舱里，不大露面。秋瑾则悠然自得，每天来我屋里或谈话或看书。

六月的黄海风浪很大，船身摇得厉害。不过我还是坚持到饭厅用饭。秋瑾在饭厅和教授夫人的妹妹认识了。那位妹妹会讲些中国话，看她俩连说带打手势的样子真是滑稽。

秋瑾对我说："她姐姐真讨厌，对妹妹老是摆着一副吓人的面孔。方才我和她妹妹在甲板上玩，姐姐过来申斥一顿，把她拉走了。说的什么也听不明白，大概是因为讲了中国话才发脾气的。"

我只好安慰秋瑾说："大概她们姐妹脾气不合吧！"秋瑾又说："那位黑脸矮子的事务长让我给她写个字。您知道吗？我的字写的极不好，拿这字给人家太难为情了。太太替我回绝了吧！"

"这是因为你是中国的王秋瑾女士，你就写几个字给她吧。遇到了不起的中国人，就请他留字，这是日本人的习惯。以后给人看看，就说是有名的王秋瑾女士的字，自己心里就别提多高兴了。快去给她写吧！"

"太太，可是我连笔也没有，什么准备也没有啊，太太还是替我回绝了吧！"

此刻船正驶过山东半岛，风浪更大了，船体摇晃。我躺在床上起不来。孩子们倒还老实，自己玩，只有二岁的阿佐有点调皮，阿滨照看着她，佣人来看我，高桥走了。佣人进来说："秋瑾真行，一点也不晕船，刚才我到甲板上看她正和保定的那个女孩子说话，那女孩正在哭，秋瑾一边劝她，我怕老在那儿看怪不好意思的，就到这儿来了。"我感到那个姐姐不大到饭堂，也不愿同人交往，但不知道她为什么对妹妹这么严厉，我于是认识到了秋瑾也是个有慈悲心肠的人。

（〈日〉服部繁子：《回忆秋瑾女士》）

伤　怀

清晨醒来，风平浪静，却听得人声嘈杂。我不由地起身，只见女佣奈美慌慌张张地进来说："有人跳海了，甲板上快闹翻天了。"我马上想到秋瑾。佣人说秋瑾正和大伙在甲板上。高桥进来说："真可怕，会有人跳海，是保定的那个女孩子。听说是她姐姐发觉她好久不回舱房才着急起来。甲板上有她妹妹留下的鞋子和提包，这就肯定无疑了。听说此刻也无法打捞。有什么事值得轻生！"

我听了心里难过极了，为什么要自杀呢？难道是过失吗？

也许是无法争辩，下定决心自杀的吧！我跑到甲板上，人们三三五五地凑在一起议论着：连人都不救太残忍了。一呆一愣的工夫就晚了。秋瑾这时悄然站在甲板的一端。我们互相使了一个眼色，归于沉默。那位冷酷的姐姐此刻该感到难过了吧！我到死者姐姐舱房表示致哀，姐姐这时脸色苍白，也哭得像个泪人，说："妹妹心眼小，做出这种事，惊动了大家，实在抱歉。"看她那个悲痛的样子，也让人可怜。

我回到房间，孩子们刚刚起来，奈美和阿滨伺候着他们，一边在谈论那女孩子的事，这时又怎么啦。高桥先生跑进来："太太，快看，鲨鱼！"三个孩子都跟着高桥去了，奈美抱着二岁的阿佐也去了，我也去了，甲板上全是人。喧喧嚷嚷，我跑上甲板，看到船驶过的地方，一群鲨鱼翻起白浪。那些吃人的恶鱼！每一条看上去都有五尺多长，那副可怕的嘴脸，还有那鳍象刀刃一样露出水面，在阳光下闪闪发光。啊，这些吃人的恶鱼！今早跳海自杀的女孩子就被它们吃了吧！人声喧嚷，都为那女子悲哀。秋瑾死盯着海面，她心里一定更难过。

我立刻把孩子带回舱房。孩子们喋喋不休地谈论鲨鱼。阿滨婆说："哥儿，你要不听妈妈的话，鲨鱼就会来吃掉你。"六岁的缵儿瞅着我说："妈妈，这是真的吗？"我说："真的，鲨鱼是会吃人的。"

过了一会儿我又回到甲板上，秋瑾还站在那里，人们已经散去，她一动也不动。她在哭呢！我走近她叫一声："秋瑾"，她哭得更厉害了。"太太，那姑娘太可怜了，我用眼泪向她致哀。不知道的人以为我发疯了。人生重意气。姑娘心里有说不出的痛楚，她都对我讲了，她真可怜啊！谁碰到这样的事也会发疯的。还有那可恶的鲨鱼。可怜哪,姑娘。"

秋瑾拉着我的手,让我靠在椅子上。我凝视着秋瑾的脸,秋瑾收起眼泪说:"太太,我心里实在难过。昨天下午,姑娘向我讲了心中的秘密,听说她是陷进违背伦理的爱情中去了,姐姐气愤,打发她回东京。回到东京,父母又不知会怎样责备她。我问她为什么傻乎乎地搞那种恋爱,既然恋爱了,为什么又不能坚持下去,我对她说:'你太软弱了。'姑娘说:'坚持也坚持不住,回东京更让人受不了,不如干脆死了。'我说:'再没有比活一辈子老来病死那种活法更蠢的了,我是讨厌那种活法,我无论如何也要做出惊天动地的事情来。你也太软弱了,与其这样磨磨蹭蹭地活着,不如想死就死更有意义。'太太,是不是我这句话才使那姑娘下了死的决心呢?我很痛心,还有那可恶的鱼。可怜的姑娘哪。"

秋瑾拉着我的手说:"为那不幸的姑娘,我们唱一支歌吧。"我庆幸周围无人,于是含着眼泪和秋瑾唱起歌:"莫言可怜葬鱼腹,谁知芳魂到龙城"。恋爱成了杀人!姑娘的心被海浪洗净,而活着的姐姐的心将终生蒙上阴影。可怜的人们啊!"无辜自向乐土去,白浪涛涛引路程"。

(〈日〉服部繁子:《回忆秋瑾女士》)

遇 险

因战事船要绕道远行。这夜无月,夜幕低垂,望见远处闪闪发光,火光越来越多,哦,旅顺到了。那是日俄在旅顺交战的火光。船突然加速行驶,我躺在床上身体都被晃动了。幸好孩子们睡得很香。有人敲门,奈美给他开门,高桥进来说:"船超速行驶,事务长说没发生什么情况,只因船耽误了时间,现在是需要赶路程才加速的,请太太放心。"

天亮后,船减慢了速度。朝霞照着静静的海面,已进入朝鲜海了。早上进餐厅吃饭,秋瑾也来了,事务长向大家解释说:"昨夜船突然加速,实在对不起,原因是接无线电报说有俄舰追击,只得加速逃脱。只是怕各位,尤其是妇女们担惊,所以没向大家讲明。刚才接到情况说,我们后面的两艘军用船遇难,常陆丸被击沉。我们能逃出来,实在万幸,大家举杯庆祝吧"。"苍天保佑!"大家如获新生,举杯相祝。

(〈日〉服部繁子:《回忆秋瑾女士》)

秋瑾轶事

卷 三

抵达日本

一

姊抵日本后，初入预备学校，补习日文。以资斧未充，利在速成，故所习倍常程。明年乙巳，考入实践女学校肄业。

（秋宗章：《六六私乘》）

二

（秋瑾）甲辰（一九〇四年）三月至东京，初入骏河台留学生会馆日语讲习所学习日语，继转学于青山实践女学校。

（冯自由：《革命逸史》）

入 学

　　船经仁川、釜山于七月十二日到达神户。下榻西村旅馆后，向北京和东京各发一封平安抵达的电报。首先是平安到达，真是万幸。往东京去的列车，因运兵，走得特别慢，用了二天二夜的时间，才到新桥站，兄弟和姐姐赶来迎接。有传闻说我们的船遇了难，家人正忐忑不安，接到平安抵达神户的电报大家才转忧为喜。我到永田町自己家，秋瑾让朋友接到神田去了。

　　三年没回家了，父母兄弟姊妹见面倍感亲热。特别是战时的航海，常听到有船遇难，家人担惊受怕。见我平安回家，更是喜出望外。这期间我每天都忙于应酬亲朋好友，秋瑾来过一二次都没碰到我。七月中旬我丈夫也平安抵达东京，又是一阵热闹和喜悦，于是又忙乱了一阵。

　　八月，我写信邀请秋瑾，她说正和朋友一块学习呢。至于选哪个学校入学好，我让她和朋友商量后再定。过二三天秋瑾来说，选了实践女校。我原想让她进女子师范之类的学校，一听是实践女校，多少有点出乎意料，于是便问："你满意那个学校吗？"

　　秋瑾回答："嗯，那个学校里有朋友，又有下田女士等有名的人，我很满意。目前入学很困难，太太和下田女士有特殊关系，请转托一下吧。"

　　当时实践女校是接受了不少中国留学生，下田先生也非常热心于中国的女子教育。如去拜托一下，接纳入学是没问题的。不过我还是担心秋瑾的思想，于是便问："秋瑾君，你的主义放弃不放弃？我们的约定遵守不遵守？"秋瑾严肃地说："主义我保留，约定我遵守。请太太放心。"

但是我还是有点怀疑，有其萌芽，逢时便会破土而出。

几天后，我去拜访下田先生，说起秋瑾入学一事并提到秋瑾有过激思想，看她能否接受。如前所说，下田先生非常热心于中国女子教育。对前年我同丈夫去北京一事非常赞同，她很懂得中国的女子教育取决于西太后的意向，打算此后亲去中国，向西太后面陈，并让我为此作好准备。下田先生把西太后敬为女中英雄，同时也同情反清革命家，保护逃亡者。所以秋瑾一事也如此对待。她说："让我来教育这位中国妇女，你不用担心，我接受她入学"。我还是担心秋瑾的思想，内心很矛盾。回去马上对秋瑾说了学校接纳她的事情，并说下田先生是日本首屈一指的女子教育家，虽然社会上对下田先生有不少流言蜚语，但这不足为信。你应成为中国女留学生中的佼佼者，成为多数人的模范。以后她入了学，住宿也在校。我去学校看过她一二次，见她安心学习，我也就放心了。

我丈夫八月回北京了，九月底我也要回北京，忙碌异常。这时秋瑾来了，一个劲说学校伙食太差，而伙食费却很贵，一提到吃和钱，好象就认为日本人出奇地低劣，其实但凡人在世不外乎吃和钱，抛弃这两者又何谓人世呢。下田女士开办华人学校和实践女校，又把我们留学生当作商品，牟取利益，这也太贪心了。我严肃地对秋瑾说："你入学没几天，说这些话太无礼了。这正说明你没见识。"

我嘴上虽这么说，可最后还是答应找先生说说才算了结。过了几天，找到她们学校的先生把秋瑾的事说了，并请求他们注意学生的伙食和住宿。关于秋瑾的思想影响了其它学生的事情,我向学校道了歉,说:如果不行就请求退学。先生却说:"哪里哪里,对伙食不满是学生的通病,不要放在心上。随着环境的适应,课程有趣,也就不再说这些事情了。如果老把这些事情当正经,中国人的教育就没法搞。这一点你也很清楚。"看来先生并不在意这些事情。最后我说:"秋瑾依然有过激思想,请先生多加注意。"

我虽很忙,还是把秋瑾叫来,把和先生见面的事说了,要她好好学习。实在不行,退学也好。秋瑾说:

"太太,这一阵子,不知怎地,我老觉得自己不久于人世了。我的灵魂抛弃了我,我只是在鞭打一个没有灵魂的躯壳。"说着就要哭出来。

"怎么啦?秋瑾君,净说些泄气话,这可不象你的性格。若真是灵魂抛弃了你,那你会找到一个更新的灵魂,决不会光剩一个躯壳。你是个有家的人,抛下家庭来到这陌生的国土,心情寂寞,神经也就过敏了。我看你还是回家的好.回家可以继续研究,再不,就到美国去。"

我是真心这样劝她,秋瑾摇摇头说:"回家?我不能再沉溺到无谓的和睦中去。感谢夫人的好意,我虽对学校不满,但还不打算退学,我也不打算去美国。来到日本都这样让人失望。去美国怕也同样结果。嗳,我不会活得太久了,我更要激励这没有灵魂的躯壳。""秋瑾,不要这样悲伤,拿出勇气来。我们就要分别了,我们当初的约定你还遵守不遵守?"

秋瑾笑了。"太太,请放心,日本不是我们革命的对象,发挥我的思想也没有意义。嗳,太太,中国是中国人的中国,不是满族这种异族人统治的中国。太太，畏首畏尾，此身所在几何！"说着掩面而涕，我也难过地说："不过，秋瑾君，并不是因为我丈夫在北京为你们国家办新教育我才这样说的。要知道，天命难违，中国要来一个易姓的革命。天命至，则革命至。现在时机未到。秋瑾，还是回家搞研究吧。"

"太太的好心我领了，可太太是孔子的信徒，厌恶新鲜事物，是冥顽不灵。"秋瑾笑了。我也笑着说：

"你的思想是一种病态，因为有了这种病，你是冥顽不灵呢。"

（〈日〉服部繁子：《回忆秋瑾女士》）

离　校

十月七日是出发的日子，我只带着两岁的儿子阿佐。其余三个孩子就寄养在父母家。我虽于心不忍，但无可奈何。奈美留在家里照看孩子。奈美虽表示失望，但为了太太她也就答应我了，我另带了阿良去北京。前一天，秋瑾就来了，恋恋不舍话别。这么坚强的人也有颗温柔的心，也有感情脆弱的一面。我也感到很悲伤，问秋瑾给丈夫带什么口信，秋瑾说没有。

我受下田先生的委托，带着希望去北京参观新办女学堂的佐口美津子做同伴。另外还有直井洁先生护送我，总算平安到达北京。回北京后的一段时间，一直很忙，心里挂念着秋瑾。到十一月中旬接到秋瑾的来信，信中列述了实践女校的不完备，先生们才疏学浅等等。对此我没有回信。不久校方来信说，秋瑾面呈一纸给下田先生，发了一通牢骚，已离校而去。我回信道了歉，校方回信指责我不该带有这种思想的妇女来日本，并且介绍到实践女校来。我也一肚子怨气，既然是这样，当时我要求退学为什么又不答应呢？恐怕当时也不能那样做吧。真是万事不得已啊！后来听欧阳夫人说，秋瑾的丈夫已带着孩子离京往上海去了。她也不知道秋瑾的消息。又说，吴夫人也随家移居上海。

（〈日〉服部繁子：《回忆秋瑾女士》）

慷慨激烈

瑾尝留学于日本实践女学校，讲求女子教育、工艺诸学，暇时，吮笔啜文，危坐达旦，以为常，愤则自椎其胸曰："汝自侠而不能雪国耻，久活奚为？"其慷慨激烈若性生者。

（悲生：《秋瑾传》）

加入同盟会

一

会孙中山先生方创同盟会于江户，以君（秋瑾）抱负弘远，首邀之入会。自是君更字竞雄，号鉴湖女侠；日以物色人材为职志，江浙志士之与君相识者，咸因君介绍入同盟会，而同盟会乃大扩张。

(陈去病:《鉴湖女侠秋瑾传》)

二

是夏,孙中山先生赴日,夏正六月二十三日,东京留学生开欢迎会于富士见楼,到者甚众。旋开同盟会预备会于饭田町程家柽寓宅,以"驱除鞑虏,恢复中华,建立民国,平均地权。矢信矢忠,有始有卒"为誓词。次日,开成立会于赤坂区桧町内田良平之宅。越数日,又在灵南坂子爵阪本金弥宅,开干部选举会,推孙中山先生为总理,黄兴为庶务(其职权为协理),汪兆铭为评议部议长,邓家彦为司法部总长。各省分会置分会长一人。姊被推为浙江分会长。

(秋宗章:《六六私乘》)

评议员而兼浙江主盟

时留日同志,团结运动,日益扩大,统一机构为同盟会,公推孙中山先生为领袖。并于国内各省筹设分盟,女侠(秋瑾)以评议员而兼浙江之主盟,遂正式宣誓入盟。每次开会,中山则必向同志介绍曰:"秋瑾同志,是我们中国女性模范,他是我们革命党的生力军,同志们注意他宝贵的意见。……"未几,返国,临行之前,赋感时诗,其一律云:"炼石无方乞女娲,白驹过隙感韶华。瓜分惨祸依眉睫,呼告徒劳费齿牙。祖国陆沉人有责,天涯飘泊我无家。一腔热血愁回首,肠断难为五月花。"

(《同光风云录》上篇)

军师之职

(秋瑾)居恒衣和服,不事修饰,慷慨潇洒,绝无脂粉习气。日惟与留东之革命党员相往还,因与湘人刘道一、王时泽、仇亮、刘复权、蜀人彭春阳、赣人曾某等十人相结为秘密会,以反抗清廷恢复中原为宗旨。是岁秋冯自由、梁慕光等组织洪门天地会于横滨,瑾素有志于秘密会党之运动,遂偕刘、彭、王、曾诸人报名加盟,受封为白纸扇之职,白纸扇又称先生,即俗所谓军师也。

(冯自由:《革命逸史》)

浙江第二

乙巳七月东京同盟会本部成立后半月,冯自由介绍瑾至黄克强宅入党。浙人入同盟会者,蒋尊簋为最早,瑾其第二人也。

(冯自由:《革命逸史》)

以女界先导自任

是时,光复军谋泄于湖南,其主谋者皆遯至日本。初至时,困乏殊甚,瑾倾所有以助之。得以不匮。瑾以为欲图光复,非普常识于人人之心不可,乃做欧美新闻纸之例,以俚俗语为文,月刊一册,以为妇人孺子之先导,遂名曰《白话报》,其毅然以女界先导自任也如此。

(悲生:《秋瑾传》)

组织演说会,发行《白话报》

她为了唤醒群众,在东京创办《白话报》,第一期出版于一九〇四年中秋节。《白话报》是杂志性质,与梁启超保皇党的《新民丛报》对立,鼓吹推翻清政府;月出一册,售大钱五十文,可惜限于条件,仅出六期。编辑兼发行的,是演说练习会,附设于东京神田区骏河台铃木町十八番地中国留学生会馆内。印刷所在东京牛込区神乐町一丁目二番地翔鸾社,印刷者日人野口治安。主要内容:第一期有《中国历史的摄影》一文,指斥金、元、清的封建统治为"胡人",为"野种"。第二期有《敬告中国二万万女同胞》,反对缠足,提倡女子求学,争取男女平权。第三期有《说廉耻》提出"我国应除去这骚鞑子,省得作了双料奴隶"的口号,反映当时人民对清贵族反动统治的强烈要求。

(徐双韵:《记秋瑾》)

《白话报》之情形

先姊留东时,与同志创办《白话报》,宣传革命,予于前文已一再言之矣。丙辰归越,行箧中携带是报甚夥,自第一期讫第五期,抑第七期,则年远健忘,已难追忆。六六之变,予家一度被搜,家人畏祸,于宵深人静时,将先姊所遗书籍,拉杂摧烧,此报亦未能免,外间遂少流传。封面为署名旭窗者所制,绘一中年人,蓄小髭,着西装,高擎《白话报》一本;其下四人,三男而一女,伫立凝视,渴望甚殷。予弱岁好弄,爱其神采奕奕,因乞得数本,庋缄书籢。报中作何语,迄未过目。上年重检,仅存一、二、三期,余已遍寻无着。岂仓卒之际,误付丙丁矣。

《白话报》为杂志性质,月出一册,售大钱五十文。全年十二册,大钱四百八十文。甲辰(不书光绪年号)八月十五日出版。编辑兼发行者,为演说练习会,附设日本东京神田区骏河台铃木町十八番地中国留学生会馆内。印刷所,在东京牛达区神乐町一丁目二番地翔鸾社。印刷者,日人野口安治,住东京小石川区指指谷町百三十三番地,未谂是否托名张禄,抑或果有某人?近世不芝留东前辈,当能举以见告。国内总经售处,为上海望平街《中外日报》馆间壁《小说林》社。报之内容,分门别类,计有论说、教育、历史、实业、地理、理科、时评、谈丛、小说、歌谣、戏曲、传记、来稿十余目之多,每期亦不能全备,惟行文全用白话。当时同盟会发行《民报》,保皇党发行《新民丛报》,政见不同,论调迥异,国人类能言之,独《白话报》则知者甚少,然在革命史中,要自有其立足点也。

演说练习会简章计十三条。第三条云:"演说分二种:一泛论,一实学。凡专门学及新思想,议论精确,于国内有影响者,其稿交书记录存,以备印刷发行。"此报取材,必择议论精确,影响国内者,其意何居,已可不言而喻。又第五条云:"中国语言,各处不同,故演说者虽滔滔不绝,而听者竟充耳罔闻。会中当附属一普通语研究会,凡演说皆用普通语。"此与近顷提倡国语及大众语者之用意,不谋而合。又第十三条云:"演稿每期发行时,内附写真数枚,其目的专对学界及游历官,凡足以兴起国民之精神,及警惕败类之心目者,由会员侦探确实,临时图绘,以资模范,并作警钟。"今阅各期《白话报》,均未附摄影,亦无劣生污吏之丑史,岂组织伊始,犹无确实材料欤?

在《白话报》撰稿者,多不署真姓名,如"少年主人"、"贪生怕死鬼"、"铁肝生"、"惟我主斋"、"顽蛮少年"、"莽男儿"、"苦学生"等等,一望而知为信手拈来之笔名。惟作品方面,遣词命意,极为激烈,如第一期所载:《中国历史的摄影》,对于金、元、清三朝,直称之为胡人,为野种。又《新串脚本改邪归正》,黄强璋唱慢板:"恨胡人,无故乱中原,十日屠城实可怜。"又将西后徽号,颠倒为"恭惠诚庄熙崇献钦豫昭颐康佑端禧慈皇太后"。第二期所载:《贪生怕死鬼的现身说法》,谓:"扬州城破,十余万人。俱被满洲军惨杀了。"又政治小说《好梦醒来》谓:"黄国的百姓,实在好说话,明知青国(影射清国)是令异族,专门欺压他们,还是柔柔顺顺,由他呼吸脂膏,不肯把他逐出去。……吃了青国几百年的苦,明白的人,竟绝无仅有,都是天生的奴隶坯子。……我前几天看到一本太平天国史,那个共搜贼（影射洪秀全）真是我们黄国的大豪杰哩。所最可恨的，就是那一辈杀不可恕的死奴隶，什么真国犯、祖宗荡呀，……"第三期所载《说廉耻》谓："我们除去这骚鞑子，省得作了双料奴隶。"又，《革命须注重女子教育》谓："本国人都有做皇帝官吏资格，怎么能说皇帝官吏比平民贵些呢？"又，《呜呼专制国之国民》谓："现在做皇帝的，并不是我们汉族人，是什么满洲人。"种种论调，能言人所不敢言，在专制时代，直为大逆不道，正与《大义觉迷录》背道而驰，脱当日不幸而为满房贵福所得，则康乾盛时文字之狱，不难复睹于光绪季世，吾族之赤，将无噍类。前尘回首，盖犹有余悸焉已。

先大姊既为创办《白话报》之一份子，故按期均有撰述。第一期为《演说的好处》，末段云："我国在日本的留学生，晓得演说的要紧，所以立了一个演说练习会，又把演说的话，刻了出来，把大家看了，可以晓得些世界上的事情、学界上的学说。唉！列位不要把这个演说会看轻了，唤醒国民，开化智识，就可以算得这个演说会开端的了。"揭橥该会旨趣，亦即《白话报》之发刊辞。第二期为《敬告中国二万万女同胞》，大意在反对缠足，提倡女子求学，与男子绝对平权。第三期为《警告我同胞》，叙述日俄战争，在横滨目睹日本妇孺欢送出征军人之感想，全文未完。第四期以下缺，已无从获得全璧矣。（倘有收藏《白话报》第四期者，能将续稿抄寄一份，不胜感激。）以上各文，均署真姓名发表。王灿芝女甥所辑《秋侠遗集》未载。

（秋宗章：《六六私乘补遗》）

早蓄排满之志

予时才十二龄，少不更事，记忆容有舛错。顾先大兄《风雨一宵恨满楼》诗稿，亦复如是云云。家嫂健在，坚谓无误，此一证也。予家居和畅堂时，同堂从兄弟行，犹未析爨，丁口甚众。当时事变前，吾侪先期避难，家人未知底蕴，晏处如故。迨大通事发，道路传言，官中将收系家属，为瓜蔓抄。于是从兄誉章亦匿于戚串家，所存惟妇孺数人，相对悲苦而已。初六日卯刻，有凤农予家服役之舟子小毛者，忽于晨光熹微之际，剥啄而入。家人惊起问故，小毛请间密启曰："大小姐已归天矣。"言既，不暇觑缕，匆遽而去。闻者疑信参半，相与揣测，犹望传之兆非真。俄而里正导山阴县令李公入门，实施搜查，始悟顷间噩耗之不诬，此又一证也。上海《时报》纪事略云："初四日下午，在大通学堂内拘获之秋瑾女士，至初六日破晓时，突由山、会二县主会营传提到案，排队拥护，行至轩亭口，秋瑾不作一声，惟注视两旁诸人一周，即俯首就刑。观者如堵。……当道之心，仍以别有军火藏匿，李大令复至秋瑾母家搜查，到处皆遍，并无他物。现已不复审究矣。"关于先姊就义日期，亦谓在初六破晓。且浙抚张曾扬之庚电奏闻，相差两日，以其时考之，似当符合。此又一证也。综而论之，六月六日之纪念日，大体当无疑义。陈去病之传，徐寄尘之表，系根据家属所言，迥非道听途说可比。公私记载，信而有征。不谓事隔多年，众论庞错，忽生异议，情词各执，安所适从？倘党国前辈，犹有旁证，足资折服者，甚望提出，从长讨论，借成信史也。

《白话报》第一期发刊，为光绪甲辰八月十五日。明年乙巳六月二十三日，孙中山先生莅日本东京，吾国留学生假富士见楼开会欢迎。旋开同盟会预备会于饭田町程家怪寓。次日开成立会于赤坂区桧町内田良平之宅，除甘肃外，到会同志遍十七省。先大姊被推为浙江分会长，是为同盟会之始。较《白话报》之创刊，已迟一年。可见先大姊在未入同盟会以前，已早蓄排满之志。

　　厥后，大通被逮，自承为男女革命，而非种族革命，有以知其必不矣。此事予夙未注意，今记《白话报》事，偶然感触，因补记于此。

（秋宗章：《六六私乘补遗》）

不废吟咏

　　姐留东时，不废吟咏，然遗稿流传不多。所曾见者，惟《中国女报》所载五七律数首而已。如《感时》云："祖国陆沉人有责，天涯飘泊我无家。"《黄海舟中》云："驰驱我梦中原马，破碎山河女儿羞。"《感愤》云："搏沙有愿兴亡楚，博浪无椎击暴秦。"均脍炙人口。又日人石井君索和，即用原韵，有句云："漫云女子不英雄，万里乘风独向东。"亦足觇其胸襟。创办《中国女报》以前，曾与留日同志创《白话报》于东京，月出三册，每期约四十页，委托日人代印，鼓吹排满，论调最为露骨。与同盟会机关报之《民报》殊途同归。他人作品，类皆记名张禄，惟姐所撰白话论说，则直署真姓名，不稍隐讳。出版十余期，姐即回国，箱箧满贮是报。丁未之变，悉付丙丁。惟予髫龄好弄，爱其封面图画，曾向姐乞得数本。今犹存在。盖亦足为中国革命史中之纪念品矣。

（秋宗章：《风雨楼痛语》）

结识陶成章

是岁冬，浙人陶成章以事赴日，陶亦隶籍会稽，与瑾同邑，瑾由其戚之介，识之于旅次。知成章与敖嘉熊、龚宝铨（章太炎之婿）等运动浙省党会有年，因叩以所运动事，成章尽以其所历告之，并为介绍光复会同志机关二处，一函致上海蔡元培，一函致绍兴徐锡麟。

（冯自由：《革命逸史》）

会见宋教仁

（一九〇五年一月十三日，宋教仁）至秋璇卿（秋瑾）寓，谈良久。时秋君与诸同志组织一演说练习会，每月开会演说一次，并出《白话》报一册，现已出第二期，余向秋君言，愿入此会，秋君诺之。

（《宋教仁日记》）

重兴共爱会

（秋瑾）间又与诸女士重兴共爱会，而己为之长。隆誉日起，留东学子，慕君者众；每大会集，辄邀君与俱，君亦负奇磊落，往会必抠衣登坛，多所陈说，其词淋漓悲壮，荡人心魂，与闻之者，鲜不感动愧赧，而继之以泣也。

（陈去病：《鉴湖女侠秋瑾传》）

公祭戊戌六君子

重兴共爱会，女士（秋瑾）为会长。性慷慨，工词令，雄辩高谈，听之忘倦，登坛演说，舌灿莲花。八月十三日，为戊戌六君子成仁之期，留学同人设会公祭。女士演说之沉痛，闻者皆泣下，共爱国爱同胞之热忱，溢于言表。虽俄之苏菲亚，法之玛利侬，有过之无不及。

（徐自华：《秋女士历史》）

节己助人

一

常减省己之学费，助人学费。有某女士随父之东，父亡，无所归，女士（秋瑾）为出学费，挈之返国。

（徐自华：《秋女士历史》）

二

肄业稍暇,(秋瑾)与其同志重兴共爱会,而己为之长,誉日鹊起……又好节己费以助人,学从之游者莫不叹服。

(《碑传集补》)

日方取缔留学风潮

一

(同盟会)事为清廷所闻,与日政府交涉,由文部省颁布留学取缔规则。留学生群起而争,陈天华以蹈海死,众人益奔走相告,相率罢课。一时归国者,在上海创立中国公学。而驻日公使杨枢收买若干不肖学生为间谍,刺探学生虚实,姊(秋瑾)既深憾帝国主义之压迫,又亟欲返国为革命实地工作,乃于丙午春间归国。

(秋宗章:《六六私乘》)

二

当是时,留东学生日益多,其议论咸慷慨激烈,以革命为归。清廷患之甚,阴嗾日本禁止之;于是日校乃订取缔留学规则。事闻,学子大噪,君(秋瑾)尤愤甚,率同志归。

(陈去病:《鉴湖女侠秋瑾传》)

三

无何,日本文部省应驻使杨枢之请,颁布留学取缔规则。吾国留东学生,一致反对,苦语危言,呼号奔走,曾不足挽回万一。于是纷纷退学回国,陈天华且投海自杀。然黠者佯为附和,阴怀二志。即如近时名流某君,其初亦为倡议最激之人,后此食言而肥,仍肄业某大学如故。首鼠两端,时论鄙之。当是时先大姊持之甚力,义无他顾,立即襆被离东。金华王孚川先生(廷扬),适于是岁率两级师范学生至日,与先大姊(秋瑾)曾有一面之雅,亲见其事,为予言之。

(秋宗章:《六六私乘补遗》)

心伤陈天华之投海

清光绪三十一年,日文部省取缔留学生规则出,新化陈烈士天华羞之,蹈海而死。瑾闻之,唏嘘流涕,决意归国。其友止之,瑾曰:"吾意已决矣,相强胡为者?"遂行,及归,遗书其友曰:"吾与君志相若也,而今则君与予异,何始同而终相背乎?虽然,其异也,适其所以同也。盖君之志,则在于忍辱而成其学,而吾则义不受辱以贻我祖国之羞;然诸君诚能忍辱以成其学,则辱也甚暂,而不辱也其常矣。吾素负气,不能如君等所为,然甚望诸君之无忘国耻也。吾归国后,亦当尽力筹画,以期光复归物,与诸君相见于中原。成败虽未可知,然苟留此未死之余生,则吾志不敢一日息也。吾自庚子以来,以置吾生命于不顾,即不获成功而死,亦吾所不悔也。且光复之事,不可以一日缓,而男子之死于谋光复者,则自唐才常以后,若沈荩、史坚如、吴樾诸君子,不乏其人,而女子则无闻焉,亦吾女界之羞也。愿与诸君交勉之。"

(悲生:《秋瑾传》)

显分两派

一

时同盟会员,对取缔规则,显分两派,各执一端,一则主张全体中国留日学生遄返祖国,创学沪滨,秋瑾、田桐辈主之。一则反是,以求学异邦,宜忍辱负重,未可轻率归国,胡展堂、汪季新等主之。

(曼华:《同盟会时代民报始末记》)

二

是岁冬日本文部省颁布取缔中国留学生规则,湘人陈天华愤而投海,民党学生分为归国设学及忍辱求学二派。

(冯自由:《革命逸史》)

殴击范源濂

方联合会势最张时,竟宣布余(胡汉民)与精卫之死罪于全体留学生俱乐部，女同志秋瑾尤激烈，范源濂避匿病院，亦为所殴击。

(《胡汉民自传》)

吃我一刀

一九〇五年冬，清政府驻日公使杨植，为了破坏留日学生的爱国活动，勾结日本文部省颁布所谓"清国留日学生取缔规则，"不但禁止留学生的爱国运动，而且侵犯人身自由。八千多留日中国学生向日政府交涉无效，实行罢课，湘人陈天华悲愤投海，遗书同学坚持爱国主张。全体留日同学，十分愤慨，在浙江同学会集会。这时，同学们有两种不同意见：一部分主张忍辱力学，一部分主张回国实行革命。秋瑾发言，力主回国，词意激昂，随手从靴筒取出倭刀，插在台上说："如有人回到祖国，投降满虏，卖友求荣，欺压汉人，吃我一刀。"

(徐双韵：《记秋瑾》)

留日期间之言论

当姊（秋瑾）之留东也，目睹我国留学生之种种腐化，颇为痛心。纵（此处疑脱一"无"字）文部省之取缔，亦久欲拂衣径归，此其旨趣，可于所撰《中国女报序》中见之。其言曰："当学堂不作，科举盛行时代，其有毅然舍高头讲章，稍稍习外国语言文字者，讵不曰：'新少年新少年'。然而大道不明，真理未出，求学者类皆无宗旨、无意识，其效果乃以多数聪颖子弟，养成翻译、买办之材料，不亦太可痛哉。十年来此风稍息，此论亦渐不闻，然而吾又见多数学生，以东瀛为终南捷径，以学堂为改良之科举矣。今且考试留学生，某科举人、某科进士之名称，又喧腾于吾耳矣。自兹以后，行见东瀛留学界蒸蒸日盛矣。呜呼，此等现象，进步欤？退步欤？吾不敢知。要之，此等魔力必不能混入我女子世界中，我女界前途，必不经此二阶级，是吾所敢决者。"尔时留学生之目的，大多数眷恋于高官厚禄，下焉则以洋行买办、翻译为尾闾。此等现象，近犹未免，不得视为苛论也。

（秋宗章：《六六私乘》）

留日期间之吟咏

姊（秋瑾）留东时，不废吟咏，然遗稿留存不多。所习见者，惟《中国女报》所载五七律数首而已。如《感时》云："祖国陆沉人有责，天涯飘泊我无家。"《黄海舟中》云："驰驱戎马中原梦，破碎河山祖国羞。"《感愤》云："抟沙有愿兴亡楚，博浪无椎击暴秦。"均脍炙人口。又《日人石井君索和即用原韵》有句曰："漫云女子不英雄，万里乘风独向东"，亦足觇其胸襟。在创办《中国女报》以前，曾与留日同志创《中国白话报》于东京，月出三册，每期约四十页，委托日人代印，鼓吹排满，论调最为露骨，与同盟会机关报之《民报》殊途同归。他人作品，类皆托名张禄，惟姊所撰白话论说则直署真姓名，不稍隐讳。出版十余期,姊即回国,箱箧满贮是报。丁未之变,悉付丙丁。惟余髫龄好弄,爱其封面图画,曾向姊乞得数本,今犹存在。盖亦足为中国革命史中之纪念品矣。

(秋宗章:《六六私乘》)

闲庭信笔

余(曼昭)忆乙巳秋日,偶集于孙公东京寓庐。其时在座者十余人,谈议既毕,稍作休息。诸人或坐成立,或就庭前散步。庭有老梧桐一株,干巨,皮新脱,色皎然。林时塽取笔书"龙门"二字于其上,笔意矫健,绝类米南宫。书毕,以笔授精卫,书"待洒向西风残月"七字,秋瑾称善。接笔书"秋草萎黄,秋花莹洁,一例秋光里。"时塽问:"此君所自作乎?"笑曰:"说是自作也得。"惜乎当日未及详问也。

(曼昭:《秋瑾轶事》)

急公好义

海上万福华烈士入狱,东京开会筹款,女士(秋瑾)首先认捐,此时囊中仅四十元耳,竟尽数捐之。在会诸君,莫不为其所感动。遂踊跃认捐。巨额之集,汇集海上。延辩护士力争,万烈士遂由永远监禁减为十年,其急公好义有如是者。

(《神州女界新伟人秋瑾女士传》)

自东贻书

一

　　清代光绪三十年,科举停废,各省广设学堂。然风气闭塞,人心顽固,不为社会所信任。且戊戌变政,一现昙花,新党婴祸至烈。前轸未远,可为殷鉴。是岁改革,疑非西后本意,事变之来,未可逆料。故子弟之入学堂者,不无戒心。予及二侄,初就外傅,读于私塾。姊(秋瑾)闻之,不谓然也,自东贻书,命予入会稽县学堂,长次二侄,则入徐伯荪(锡麟)烈士手创之东浦热诚学堂。岁时通问,督趋甚至,原扎均毁,今所存者,惟致大侄壬林之函,虽非全璧,犹为手泽。今特捡出制版,以供众览,吉光片羽,弥足珍已。

（秋宗章：《六六私乘》）

二

　　先姊于归国前贻书某君云:"吾与君志相若也,而今则君与予异。何始同而终相背乎？虽然,其异也,适其所以同也。盖君之志,则在于忍辱以成其学,而吾则义不受辱,以贻我祖国之羞。然诸君诚能忍辱以成其学者,则辱也甚暂,而不辱其常矣。吾素负气,不能如君等所为,然吾甚望诸君之无忘国耻也。吾归国后,亦当尽力筹划,以期光复旧物,与君相见于中原。成败虽未可知,然苟留此未死之余生,则吾志不敢一日息也。吾自庚子以来,已置吾生命于不顾,即不获成功而死,亦吾所不悔也。且光复之事,不可一日缓,而男子之死于谋光复者,则自唐才常以后,若沈荩、史坚如、吴樾诸君子,不乏其人,而女子则无闻焉,亦吾女界之羞也。愿与诸君交勉之。"姊之志趣,可见一斑。

(秋宗章:《六六私乘补遗》)

秋瑾轶事

卷四

创办中国公学

瑾与田桐、易本羲等主张归国最力,遂偕易本羲联袂归国;旋创办中国公学于上海,借以安置归国学生。

(冯自由:《革命逸史》)

归国晤吴芝瑛

一

(秋瑾回国时)道经上海,晤吴芝瑛,述其留学艰苦状,出新得倭刀示之曰:"吾以弱女子,只身走万里求学,往返者数,搭船只三等舱,与苦力等杂处,长途触暑,一病几殆,所赖以自卫者,惟此刀耳。"俄而行酒。酒罢,姊拔刀起舞,唱日本歌数章，芝瑛之女以风琴和之，歌声悲壮动人。翌日别去，两人自此遂不复见矣。

（秋宗章：《六六私乘》）

二

后女士（秋瑾）自东归，过沪上，述其留学艰苦状。既出其新得倭刀相示曰："吾以弱女子，只身走万里求学，往返者数，搭船只三等舱，与苦力等杂处，长途触暑，一病几不起。所赖以自卫者，惟此刀耳，故与吾形影不相离。"余戏曰："当此黑暗时代，留学风潮且大起，勃发不可遏，倘遇关吏诘问，得毋疑妹为女革命党乎？"女士笑曰："革命党与革命不同，姊固知吾非新少年之革命者。"既而行酒。酒罢，女士拔刀起舞，唱日本歌数章，命吾女以风琴和之，歌声悲壮动人。旋别去，不复见。曾几何时？而昔日戏言，不知其遂成谶语也，悲夫！

（吴芝瑛：《记秋女士遗事》）

归国见蔡元培、徐锡麟

一

乙巳（一九〇五年）瑾回国省亲，遂谒蔡元培于爱国女学堂，旋往南京，因欲同志辛汉以运动其父执某，使出资襄助革命，无效，乃复归沪，由沪旋绍，见徐锡麟于热诚小学堂。

（冯自由：《革命逸史》）

二

当其（秋瑾）返国之前夕，由同志陶成章为作介书两通，一致上海蔡元培，一致浙江锡麟，因两人为革命党之浙江领导人也。女侠先至上海访蔡氏，继赴绍兴访锡麟。一见之下，抵掌论革命大事，意趣相投，从此与锡麟作实际之布署，以学校为基地，以军事为目标，起义之举，迫不及待焉。

（《同光风云录》上篇）

与徐锡麟善

（秋瑾）意气雄迈，绝无巾帼气。与表兄徐锡麟友善。语及革命事，慨然以光复为己任。

（《新世说》）

姐弟情深

光绪三十二年二月某日昧爽，姊（秋瑾）返自东瀛，着紫色白条棉织品之和服，宽襟博袖，盘髻于顶，乍见几疑是。姊笑抚余首曰："弟长大成人矣，犹识阿姊否？"予闻语恍然，惟牵衣憨笑。早餐后，入学时间已届，不忍遽行。姊慰之曰："弟速往读书，晚间归来，有饧食贻妆也。"予无已，怏怏而去。

（秋宗章：《六六私乘》）

终身和服

姊（秋瑾）既归，乃弃和服不御，制月白色竹布衫一袭，梳辫着革履，盖俨然须眉焉。此种装束，直至就义之日，迄未更易。改装伊始，曾往越中蒋子良照相馆摄一小影，英气流露，神情毕肖。今兹视之，恍如隔世。

（秋宗章：《六六私乘》）

订交徐寄尘

一

家居数日，（秋瑾）应吴兴浔溪女学之聘为教员，与石门徐寄尘女士订交，文字骨肉，最为投合。暑假辞职。

（秋宗章：《六六私乘》）

二

石门徐寄尘女士，与先大姊（秋瑾）在浔溪女学有共事之雅，情如骨肉。姊既为光复军饷事奔走，日不暇给，女士闻之，亦有指囷之谊，此《返钏记》之所由作也。文曰："丁未夏至，予方居父忧，在浔溪亲舍。忽璇卿自杭州来，云：'将返越举义矣，顾饷绌，将奈何？'予虽心以为危，然义不能阻其行，乃悉倾箧中物纳之，曰：'持以赠卿，可乎？'君辄然曰：'感姊厚贻，何以为报？'遽脱双翠钏示予曰：'事之成败未可知，此区区物界阿姊纪念何如？'予为之悚然，顾弗得却，因相与涕泣，以埋骨西泠旧约相属而别。追今思之，恍若前日，而璇卿殉国，倏已二十周年矣。悲夫。戊申以还，予既屡为营墓，建祠湖上，又与秋社同志，创设竞雄女校于沪，以资纪念，黾勉劬瘁，凡十六年。而璇卿之女公子灿芝，学日有成，英英露爽，不啻秋侠当年，爰悉以女校事务相诿，并举钏而授之曰：'此汝母物，亦汝王氏聘礼中物也。而予为之外府，日月已迈，今老且病，不完璧归赵，将欲奚为？子其宝之，见钏犹见汝母也。'灿芝曰：'诺。'因书以为《返钏记》。中华民国十六年丁卯季夏。崇德徐自华忏慧书。"女士谓此钏为聘礼中物，略误。予尝询诸尊长，王氏纳采，实为金条脱一双。嫁后，王氏所营质肆，受典玉钏，逾期弗赎。姊见而爱之，即属主者留中。钏色青葱，俗称老玉，极类翡翠，琢双龙抢珠，厥状栩栩欲活。惟钏之周径过宽，非肥环不能御。姊藏之久，亦不甚宝爱。不图二十年中，转辗授受，显晦靡常，留此一段故实，此岂钏之幸欤？

（秋宗章：《六六私乘补遗》）

浔溪女学女教习

一

一九〇六年农历二月上旬，以嘉兴褚辅成的介绍，（秋瑾）应湖州南浔镇浔溪女学聘为教习。担任日文、理科、卫生等课程，启发同学，无微不至。

（徐双韵：《记秋瑾》）

二

　　瑾之再归也，成章复为绍介于敖嘉熊，得转荐浔溪女学校教员，与女学生感情不洽，辞去。

（陶成章：《秋瑾传》）

三

　　（秋瑾）复与敖嘉熊、吕荣祥、丁铼诸人相交，由嘉熊荐充浔溪女学校教员。

（冯自由：《革命逸史》）

订交徐自华

一

　　秋瑾女士，字璇卿，一字竞雄，别号曰鉴湖女侠。余（徐自华）初未之（秋瑾）识也，丙午仲春，晤于浔溪。同事两月，雅相怜爱。

（徐自华：《祭秋瑾女士文序》）

二

　　（徐自华）初为南浔女校教员，会褚辅成亦以瑾来荐，浔校长以徐故，却之。瑾闻之，心甚不平。往偕褚辅成来谒徐。一见各自倾倒，徒恨相见之晚。由是，徐遂留瑾任校事，使勿他往。月下欷歔，纵论家国，如骨肉姊妹矣。

（《徐自华传》）

青眼许氏姊妹

一

逊清丙午之春，吾师（秋瑾）主讲浔溪。予适肄业于是校。同校百数十人，师独青目于余与吾姊寄尘。课余唱和，辄令侍其侧，亲炙教诲。同辈尝欣羡之。

（《徐小淑：《璿卿师殉国二十周年纪念之感言》》）

二

余（徐自华）姊妹与女士（秋瑾）一见若素相识，一日不至其室，必呼小淑问曰："令姊胡不来？使人岑寂，岂恼我乎？"

（徐自华：《秋瑾轶事》）

议论风发

尝闻先君言，辛亥革命前，秋（瑾）曾执教南浔女学，作男子装，长袍马褂，戴瓜皮帽，背垂假发辫，与二三同事饮于茶肆，议论风发，不知者决不疑其为女子也。

（王渝孙：《女侠秋瑾在南浔》）

旁若无人

秋（瑾）教女子体操，女生初未习惯，有掩口窃笑，行动进退不听指挥者，秋以两指轻捻女生之耳垂，痛不堪言，嗣后即不敢复尔。兼教国文，课间曼声朗诵，旁若无人。

（王渝孙：《女侠秋瑾在南浔》）

深受爱戴

丙午仲春，（秋瑾）至浔溪女学担义务两月。国文既佳，科学尤精。夙患心疾，虽发亦必为之上课。诸生坚辞，不听，曰："岂町因我一人疾，荒大众功课。"其热心也如此。故诸生对之感情颇富，常曰："虽枳棘不能久栖鸾凤，先生既来，暑假前不放去矣。"三月间，姑苏陈君书来，延聘女士之爪哇，诸生闻之，环绕饮泣曰："先生何厚爪哇而薄我等。"时将试验，甲班生不肯温课，声言秋师将去，我辈无心试验矣。女士慰谕曰："我非无感情，弃君等而去。此间只四十余人，吾去后，尚有明师存，爪哇百万人，地居热带，肯往者鲜。一样同胞，当思其大。人生岂鹿豕也而常聚乎？君等不肯试验，使我进退维谷，请好好温课，我试验后始去。若赴爪哇有期，再来与君等作别。"再四婉言，诸生始温习。

（徐自华：《秋女士历史》）

悫然离去

秋在南浔女校执教不长,其离职之原因未详,或谓系受地方保守势力之排挤,亦有谓当地之绅士金铸欢欲加害于秋,不得不悫然离去。

(王渝孙:《女侠秋瑾在南浔》)

照拂蔡竞

有湘人蔡竞女士者,留学日本,入实践女学校,资用乏绝,遂至辍学,姊(秋瑾)念其无告,挈之返国,而女士孑然一身,无家可归,复慨然自任,邀寓吾家。尔时从兄弟同堂共居,犹未分炊,食指甚繁,时虞不给。家人退有后言,姊明知之,即亦不问。

(秋宗章:《六六私乘》)

照拂吴珉

一

(秋瑾)客南浔日,又挈一孤苦女生吴珉女士。姊曾戏予曰:"今日来一远客,将尊汝为师叔,莫不羞否?"自丁未六月六日之变,蔡、吴均他往,先后适人。吴女士且易名为惠秋,示不忘也。

（秋宗章：《六六私乘》）

二

时甲班生吴君家贫，艰于学费，将半途辍业，女士（秋瑾）慨然肩任。掣往，送入宗孟女校。

（徐自华：《秋女士历史》）

三

离浔时挈女生吴某（珉）同行，吴，未嫁而夫亡，乡间称为"望门寡"，秋有意于妇女解放培育人才，而仅得吴某一人，足见当时风气未开，女胞之愿从事社会活动者，寥寥无几。

（王渝孙：《女侠秋瑾在南浔》）

加入光复会

秋瑾于乙巳七月由冯自由介绍入同盟会，且被推为浙江省主盟员，为浙人入同盟会之第二人。是年冬，由日返国，复由锡麟介绍入光复会。

（冯自由：《革命逸史》）

欲行南洋未果

一

丙午（一九〇六年）春由徐锡麟之介绍，（秋瑾）始入光复会，时浙人董鸿棉方在南洋爪哇办学，频招同学往助，易本羲、王嘉榘、汤调鼎、陈华等先后就聘；瑾亦有行意，陶成章、龚宝铨力止之。

（冯自由：《革命逸史》）

二

余妹小淑，女士（秋瑾）爱同己妹，欲挈赴爪，曰："若肯偕往，学费若干，我一身耽任。"因堂上不允，遂作罢论。

（徐自华：《秋女士历史》）

筹集经费

瑾之归里，本为筹学费计，既抵家，求给于母，母家固不中赀，勉为筹数百金付之。

（冯自由：《革命逸史》）

秋瑾轶事

卷 五

办报与办学

　　自是之后，益致力于革命之事，然瑾固尚义者，欲谋大事，未知生死之何若，不得不稍尽其私德。于是往浙省见母，又见其姑舅夫子于湘。先是，其姑遇瑾严，然瑾终德之，不敢怨。至家居数日即返沪上，复创一杂志，即沪上所谓《中国女报》者是也。又设女学校于绍兴，曰明道，皆自主之。然瑾之志固在革命，此不过以余力及之，以为异日革命之后援耳。

（悲生：《秋瑾传》）

恢复女权，取消纳妾

一

　　时湘人陈范（梦坡）以《苏报》案关系，亡命横滨，其携来二妾湘芬、信芳，均浙籍，系出故家，瑾以其有玷同乡名誉，乃使脱离陈氏范围，并劝同乡学生助以学费。湘芬、信芳因得离陈独立，瑾之力也。

（冯自由：《革命逸史》）

二

又陈范之女公子撷芬曾发刊《女苏报》于上海，名重一时，亦以党案随父居日，忽奉父命将嫁粤省商人廖翼朋为妾，留学界闻之大哗，瑾乃召集女同学开全体大会，向撷芬严厉警告。撷芬谓事出父命，不得不从。瑾曰，逼女作妾，即是乱命，事关女同学全体名誉，非取消不可。众鼓掌和之。撷芬砚然退席，婚事遂以瓦解。瑾之天性义侠，略见一斑。

（冯自由：《革命逸史》）

照拂王振汉

徐锡麟携其妻王振汉莅日本留学，瑾为之照拂一切。锡麟归国，振汉仍留日。

（冯自由：《革命逸史》）

制造炸药

一

是岁八月,(秋瑾)又与中国公学教员陈伯平等赁屋于虹口祥庆里为运动机关,因制炸药失慎,伯平伤目,瑾伤手。

(冯自由:《革命逸史》)

二

三十二年(原文为三十三年,误),秋瑾赴沪与尹锐志、陈伯平、姚勇忱等组织锐进学社,为联络各省同志之机关。……乃因制造炸药,失慎爆裂,陈伯平受伤,机关被巡捕房封闭,遂潜回绍兴暂隐。

(褚辅成:《浙江辛亥革命纪实》)

三

君(宁调元)方请同志谢逸如缮密稿于室中。闻声,摇手止逸如勿动,急缘晒楼过,移其制弹原料以归。逸如愕然,谓:"此危险物,宜速他皮,不者祸将及。"君曰:"不可,顷闻爆声甚大,捕探必四布,若运而之他,途遇若曹,势杂免脱,而秋(瑾)、陈(伯平)二人必同受其害矣。"乃故示暇整,琅琅诵唐人诗。俄而巡捕至,在隔邻检查毕,无所获,徐以试验化学对。君俟巡捕去,即为伯平裹创,送入医院,从容携弹壳药料至潘防丁洪海处,托转送中国公学藏之。

（刘谦:《宁调元革命记略》）

独任浣衣之劳

社中共事者,除女侠（秋瑾）外,惟陈伯平暨余（张寄涯）二人,不以仆,一切操作,躬身亲之。而浣衣之职,女侠独任其劳。

（张寄涯:《秋侠遇难前的遭遇小记》）

胃病甚剧

女侠（秋瑾）好酒,擅诗词。日治革命工作,间以诗词消遣。患胃病甚剧,三五日辄一发,号痛者达户外,日尝卧床不起。

（张寄涯:《秋侠轶闻》）

睡不脱靴

（秋瑾）足御革履,无时或脱。询其故,曰:"以备不虞耳。"

（张寄涯:《秋侠轶闻》）

运动革命力量

一

秋瑾以丙午十二月十九日偕王军到金华、兰溪见蒋乐山(字鹿珊,龙华会首领),是为运动秘密会党之始。

(陶成章:《浙案纪略》)

二

追十月萍乡醴陵革命军猝然大举,全国震惊,各省革命党集议上海,欲起兵为援,瑾锐然以浙事自任,乃还绍兴,入居大通学堂。是校为金华、处州、绍兴三府会党荟萃之所,瑾与各会党首领约,俟湘省举兵后,即出为应援,旋偕王文庆赴诸暨、义乌、金华、兰溪各地部署一切。十二月十九日至金华,寓于党人金阿狗家,并访龙华会首蒋乐山,有所计划。未几归绍兴,闻刘道一、杨卓林、宁调元、孙毓筠、胡瑛诸同志先后失败,或死或囚,接应之举,为之顿挫,遂益愤恨,决计不假外力,独行举事,而运动益力。

(冯自由:《革命逸史》)

三

一九〇六年冬天,秋瑾来到杭州,在新军界中发展光复会会员。……秋瑾这次在杭州,住在抚台衙门前过军桥南首路西一家小客栈荣庆堂里。走进客栈门,过一个约两公尺宽的狭小天井,踏上檐阶,有一条小弄,左首的房间就是秋瑾的住室,窗户临天井,室内明亮,来人晤谈,就在这里。斜对过,小弄的右首,比较隐蔽的一间,是新会员填写志愿书,秋瑾和新会员谈话的地方(解放后,一九五六年,曾经看见这所房子还在,形式没有改变)。秋瑾当时身穿一件玄青色湖绉长袍(和男人一样的长袍),头梳辫子,加上玄青辫穗,放脚,穿黑缎鞋,那年她三十二岁。

(周亚卫:《光复会见闻杂忆》)

母亲去世

一

(秋瑾)闻母丧,仓皇归里,明道女学堂欲聘为教师,不就。

(吴芝瑛:《秋女士传》)

二

秋瑾失恃后,为了纪念慈母的辛勤教诲,曾托人绘了一幅《秋灯课诗图》,自己并题了一阙《临江仙》,以寄其深刻的怀念:"懿范当年传画荻,辛勤慈母兼师。丸熊篝火课儿时,三迁媲孟氏,折管授羲之。讲帏佳句不辞千遍读,秋宵真个宜诗,已邀悔生迟,宣文遗志在,盥手仰遗徽。"

(徐双韵:《记秋瑾》)

挽母联

一九〇五年夏天，秋瑾自上海返绍兴省亲，并筹学费。其母单氏，深晓大义，虽然家里徒拥虚名，实不中赀，但单氏还是想方设法"为勉筹数百金付之"。翌年单氏病逝，秋瑾含悲作《挽母联》云："树欲宁而风不止，子欲养而亲不待，奉母百年岂足？哀哉数朝卧病，何意撒手竟长逝？只享春秋六二；爱我国矣志未酬，育我身矣恩未报，愧儿七尺微躯，幸他日流芳，应是慈容无再见，难寻瑶岛三千。"

（冯治等：《秋瑾与对联》）

《中国女报》之创办

一

女士（秋瑾）驻沪后，有同学诸君，挽留组织《中国女报》，咸相谓曰："君所持宗旨，欲开通女界，今内地女界，现像黑暗，不思设法开通，而远赴爪哇。虽均是同胞，得毋舍近而就远乎？"女士然其言，遂创办《中国女报》。将章程登诸《中外日报》，入股者寥寥，亦可见我女界同胞程度矣。经济问题，颇形支绌，女士由沪而扬，由扬而鄂，竭力经营。弱质驱驰，风霜憔悴，可谓不惮卒劳也。

（徐自华：《秋女士历史》）

二

《中国女报》创办之始，原拟集股万元，以二十元为一股，置办印机，聘请名人担任撰述，印报编书，同时并进，基础既固，然后可期久长。当时曾将所订章程，刊登上海《中外日报》，分送各女学堂，意谓女界风气已经开通，不乏同志相与邪许。虽越时甚久，入股者仅四五人，集款才数百元。事与愿违，势将中辍。姊（秋瑾）既悲且愤，益知开浚民智，潜移默化，则女报之创为不可缓。复勉筹数百金，赁庑于上海四川路厚德里。仓卒筹备出版。自撰《发刊辞》曰："世间有最凄惨最危险之二字，曰黑暗。黑暗则无是非，无闻见，无一切人世间应有之思想行为等等。黑暗界最凄惨之状态，盖有千万不可思议之危险。危险而不知其危险，是乃大黑暗。黑暗也，危险也，处其身其间者，亦思自救以救人欤？然而沉沉黑狱，万象不有，虽有慧者，莫措其手。吾若置身危险生涯，施大法力，吾毋宁脱身黑暗世界，放大光明，一盏神灯，导无量众生，尽登彼岸，不亦大慈悲耶？……夫含生负气，孰不乐生而恶死，趋吉而避凶？每所以陷危险前不顾者，非不顾也，不之知也。苟醒其沉醉，使惊心万状之危险，则人自为计，宁不胜于我为人计耶？否则虽洒遍万斛杨枝水，吾知其不能尽度世人也。然则曷一念我中国之黑暗何如？我中国前途之危险何如？我中国女界之黑暗更何如？我女界前途之危险更何如？予念及此，予悄然悲，予怃然起，予乃奔走呼号于我同胞诸姊妹，于是而有《中国女报》之设。……"其旨趣可见一斑。报既印行，集编辑、校对、发行之责于一身，不辞劳怨。除躬任撰述外，旌德吕碧城女士之文、石门徐寄尘女士之诗、会稽挽澜女史（陈伯平烈士之妹）之小说，均有投寄。卒以资金不充，销路甚滞，且无丝毫广告收入，仅出两期，即告停顿，铩羽而归。家从兄美章，无力就学，姊独任其难，资助学费，命入吴淞中国公学肄业，晚间即寄宿《中国女报》馆，俾助理庶务。至是，亦中途退学焉。

（秋宗章：《六六私乘》）

《中国女报》之情形

《中国女报》为先大姊（秋瑾）独力经营之杂志。月出一册，售洋二角。第一期于光绪三十二年十二月二十日发行，第二期于翌年正月二十日发行。予曾收藏一份，今第一期已遍寻无着，不知何时遗失，惟犹能忆及，纸张甚劣（普通印报纸），印刷亦不佳，书面报名印蓝色。第二期则已改用道林纸，并附带声明云："俟经费充足，必须更求改良。"然未几款绌停顿，此愿终虚矣。先大姊手拟《创办〈中国女报〉草章及意旨》，在第二期补登。其最扼要者，如第一条云："本报之设，以开通风气，提倡女学，联络感情团体（此句疑应作："联感情，结团体"），并为他日创设中国妇人协会之基础为宗旨。"第十条云："本报开设沪上。执事除经理、撰述、调查、校对等员之外，又另设招待员一员。如有我同胞往东西洋游学，经过沪上者，及就学沪上者，人地生疏，殊多不便，当为尽一切招待之义务。"此两条实为在沪创办女报之主要目的。筹备伊始，鉴于从前办报诸人，财力未充，遽行开办，往往有中止之弊，意欲募集股本万金，分五百股，以二十元为一股，委托中国公学会计部代收，并望热心志士，出资捐助，以固基础。然如集有三四千金亦即先行试办。不意咄嗟之间，款巨难集，罗掘得数百金，仓卒出版，仍蹈失败覆辙，第三期即自动停顿，后此幡然变计，专心致志于实际工作，殆亦实逼处此乎？

先大姊在沪，初赁庑于虹口北四川路厚德里九十一号，创立"蠹城学社"。迨《中国女报》成立，关于编辑、印刷、发行各事宜，即附设于是焉。特约代派处，有上海四马路文明书局之廉惠卿（即吴芝瑛女士之夫）、北京顺直门外绳匠胡同外城女学传习所之江亢虎、杭州银洞桥嘉兴同乡会之朱介人、绍兴水澄巷口教育馆之裘激声（即创办三三医院之裘吉生）诸人。

第二号曰，有黄公之《道德说》，纯夫之《女子教育》，志群之《恭喜，恭喜》（丁未元旦作），会稽挽澜女士之《女英雄独立传》（小说），吕碧城之《女子宜急结团体论》，俱为精心结撰之作。挽澜女士闻为陈伯平烈士胞妹，碧城女士文名尤远播中外，余人未知谁何，今已无从考证。姊自撰者，为《看护学教程》续稿，共刊十页；又《感时》七律二首，《日人石井君索和即用原韵》七律一首，《感愤》七律一首，《剑歌》七古一首，俱已脍炙人口；又有《勉女权》唱歌两阕：其一云："吾辈爱自由，勉励自由一杯酒。男女平权天赋就，岂甘居牛后。愿奋然自拔，一从前羞耻垢。若安作同俦，恢复江山劳素手。"其二云："旧习最堪羞，女子竟同牛马偶。曙光新放文明候，独立占头筹。愿奴隶根除，智识学问历练就。责任上肩头，国民女杰期无负。"外间似少流传，故备述之。

先大姊被难，实为清光绪（丁未）三十三年六月六日。二十余年来，予家循例于是日举行私奠，从无间言。近顷有人主张，就义之日实为初五，邹鲁之《中国国民党史稿》、黄鸿寿之《清史纪事本末》，闻亦有同样纪载，惝恍迷离，足以淆惑听闻。为后世传信计，是乌可以不辨！谨按丁未六月初三日，先大姊嘱予兄弟避乡，经过事实，已详《私乘》。吾侪初寄寓峡山村张氏（先大兄之外舅家），有邻人何姓者，名淦，相识有年，可托腹心，因嘱其逐日至郡城侦伺。初四日黄昏，即悉先姊被逮。先兄焦急逾恒，苦于无法营救。初五日何返，又闻案情甚急，事不可测。张氏深虑株连，虽未公然逐客，而辞意之间，已若不豫。先兄知旨，乃偕嫂氏、侄辈及予计七人黉夜雇舴艋小舟至漓渚，匿于宝寿禅寺。初六日傍午，有急足来寺，密传噩耗，则姊已于是日昧爽就义矣。

（秋宗章:《六六私乘补遗》）

徐自华之助

是夏（一九〇六年），瑾别去之上海，发行《中国女报》。徐亦辞去校职，一意助瑾行事；瑾任著述，而徐任其赀，一时女报甚风行也。

（《徐自华传》）

泛舟西湖

　　令春二月,余(徐自华)晋省适遇(秋瑾)焉。泛舟西湖,日暮犹徘徊岳王坟畔,不忍去。歌《满江红》词,泪随声下。余促之始归。

(徐自华:《秋女士历史》)

"君讵欲葬此乎?"

　　明年(一九〇七年)丁未,瑾与海内外诸志士密谋革命,日益成熟。因于二月四日偕徐自华同登凤凰山,吊南宋之故宫,望西湖而郯涕。遂密侦城厢内外出入径道,绘为军用地图,以备他用。徐见瑾太激愤,因微以时机未至讽之,瑾闻默然。复与诣岳王坟,徘徊瞻眺,至日且夕不能去。徐又讽之曰:"君讵欲葬此乎?"瑾慨然太息曰:"苟得葬于此,为福多矣!"徐曰:"君若死,余必为君葬之;第或余死,君能葬我于此乎?"瑾笑曰:"视谁便宜可也!"遂与别去。

(《徐自华传》)

栖栖不以为苦

一

（秋瑾）因留办《中国女报》，冀以少警聋瞽，而闺阁荏弱，劻勷不闻，经费坐支绌，君经营罔倦，编纂益力。并日冒风雪走求援助，栖栖不以为苦。乌呼！洵可谓热心公益而厉世摩钝者矣。

（《碑传集补》）

二

谓余曰："首期《女报》，颇嫌草率，君能代我驻沪数月否？"余以母病辞之。女士（秋瑾）颇不悦，责余忘公益恋家，作诗规之。

（徐自华：《秋女士历史》）

带病奔波

一

五月中旬，便道语溪，过宿余（徐自华）家，留连三日。余讶其瘦，问何为而若此，女士（秋瑾）长吁曰："事多拂逆，臂助少人，家庭之中，无开通可共语者，痾疾愈发愈深。现办女子体育会，赴沪数日，当即返。"临别，心疾大发，余谆谆相留病痊再去,女士不可。

(徐自华:《秋女士历史》)

二

君(秋瑾)之来语溪,在五月十二。其去也,为十五。时已昏寝,君意在赴沪,而欲便道,一过鸳湖。行装将发,余为祖饯。君忽面色惨白,落杯于地。余亦惊怪,急起询之,君谓"心疾忽作,奈何?"余乃令两婢左右扶掖,为之捶背,而痛久不止,余谓君:"今夕不能行矣,盍姑倚俟之"。君以有约,必不可。余曰:"然则明旦专舟送君赴约如何?"君始首可。时钟鸣已三下。

(徐自华:《悲秋记》)

"从此不再来"

疾稍止,余因从容叩君(秋瑾),"者番奚事?匆遽乃尔!"君约略以其大概告。余颦皱曰:"时机未熟。君得毋太躁欤!"君毅然慷慨言曰:"无论如何,余愿为女界革命之先导!"余虽心为危,然极壮之。天未明,君已起,欲行。余遂与别。亲送至溪上。但见曙星冷落,烟树朦胧,恍忽若有阴气,沉沉来袭余襟。余婉语曰:"沪游返无事,可再来否?"君瞰然曰:"从此恐不再来矣!"

(徐自华:《悲秋记》)

月下舞刀

　　君（秋瑾）性英爽沉毅，好高谭雄辩，时有侠气扑人眉宇，喜弄刀剑，常佩倭刀一柄，夜分辄置床头，以为警备。一日微醉，纳凉庭院。夕阳初下，新月如眉。树杪微风，习习吹袂。君曰："值此佳景，舞刀一回，助子诗兴，如何？"余曰："可！"乃凭栏品茗，观君旋舞。觉阴风冷气，飒飒逼人。月色刀光，辉映莫辨。忽余女阿蓉手持晚香玉数朵，呼母，欲穿花球。君见之，遽置于地，曰："此何时，尚欲穿花球耶？可来，余教汝刀法！"蓉遂依君旁，摩挲倭刀者久之。复顾谓余曰："阿母，儿亦欲买此刀一柄，何如？"君大喜，抚蓉背曰："好女儿！有英气！胜汝阿母多矣！他日我当将此刀赠汝！"

（徐自华：《悲秋记》）

《中国女报》创办之经过及其夭折

　　一九〇六年初冬，秋瑾为了唤醒广大妇女，在上海创办《中国女报》，预定集股一万元，购置印刷机件，准备印报编书，同时并进。无如尽量征求，入股的仅四五人，款股只筹到数百元，同预期目标相去甚远。我姊妹两人，勉力捐助一千五百元，才在北四川路厚德里开始编印。创刊号于农历十二月初一日出版，采取杂志形式，每月一期，售洋二角，总编辑为陈伯平，余任校对，发行及总务由秋瑾一人主持。她并亲写了《发刊辞》，还写了一篇《告姊妹们》，在第一期发表。第二期在一九〇七年农历正月二十日出版，改用道林纸印刷，相当精美，内容更加丰富；刊登了署名黄公的《道德说》，纯夫的《女子教育》，志群的《恭喜，恭喜》，挽澜女士（陈伯平之妹）的《女革命英雄独立传》，吕碧城的《女子宜急结团体论》，秋瑾的《女权歌》，附以简谱，以便大家歌唱。《中国女报》刊行了两期，因销路与资金关系，便告夭折。

（徐双韵：《记秋瑾》）

秋瑾轶事

卷 六

大通学堂

　　姊（秋瑾）二次归越，乃弃宣传工作而为实际工作，约徐伯荪（锡麟）烈士创办大通体育师范学堂，以府山麓古贡院之义仓为堂址，先兄徕绩，亦任历史、舆地教习。大通学堂托名为养成小学体育师资，实则训练军官，内部编制，悉仿正式陆军，备为革命基本队伍。予家居南门和畅堂，为明季大学士朱公别壁，虽非甚宏敞，然颇多间舍，又以地僻，不甚为人注目，故一切会议，均假予家客厅为之。予年幼不解事，无所避忌，遇紧急会议时，关防严密，则予亦尝挥诸门外也。

（秋宗章：《六六私乘》）

光复军之成立

诸人之来,或骑或步。最习见者,为徐伯荪、竺酌先、孙德卿、黄介卿、王季高、程毅诸先生。午前集会,日旷散去,座间切切私语,亦无人敢往窃听。大抵所定计划,就金、处二府属及嵊县等处,阴招壮士,编为八军。以"光复汉族、大振国权"八字别之,总名之曰"光复军"。熔铸金约指二八枚,镌诗于上曰:"黄河源发浙江潮,卫我中华汉族豪,莫使满胡留片甲,轩辕神胄是天骄。"分颁魁杰,以资凭证。姊(秋瑾)左手小指,亦戴其一。就义之后,不知流落何所矣。

(秋宗章:《六六私乘》)

大通学堂时期之困顿

绍兴大通体育师范学堂,为先大姊(秋瑾)及徐伯荪先生所创办。既乏固定资金,又鲜补助经费,左支右绌,竭蹶时虞。伯荪先生去皖,先大姊独肩重担,以一手一足之烈,设法张罗,孤诣苦心,非言可喻。惟内部团结甚坚,教职员类皆光复会同志,坚忍卓绝,共维危局。月支极少数之生活费,间或一钱莫名,略无酬报,亦数见不鲜之事。伯兄徕绩,曾在大通执教鞭,知之甚悉,尝举以告人,非誓言也。迨光复军组织成立,筹饷购械,益难为继。先大姊个人,固已悉索敝赋,不足,则益以典质借贷。无论新雨旧雨，凡处境稍裕，可呼将伯者，罔有佚漏。久而久之，仍达山穷水尽之境。纵诸人愿与环境奋斗，而枵腹从公，几有陈蔡之厄。先大姊目击心伤，深以为虑。

（秋宗章：《六六私乘补遗》）

夫家之借款

谋之同志，急不择术，与竺酌先（绍康）等数人，率校役阿金、阿富，崇赴湘潭。诸人俱假商舶为逆旅，姊（秋瑾）则孑身至王宅。时子芳宦京未返，君舅健在。初以为怪，继念弱女子穷途来归，亦属事理之常，转慰劳备至，冀圆破镜。谈次，悉姊近状，即畀数千金，俾偿宿逋。姊受之，将伺机兔脱，而王氏监视甚严，行止末由自主。数日后，左邻某兰若演剧，姊欣然命驾，要娣姒往观。剧半，佯入静室更衣，乘间出走，与诸同志会合，立启椗扬帆而去。及王氏觉察，追已弗及矣。此事微嫌机智，当非姊所愿为，以革命故，则亦罔恤。矧楚得楚弓，财非不义，虽行权，庸何伤乎？

（秋宗章：《六六私乘补遗》）

借款之他说

是年冬，秋瑾决定返回浙江绍兴，联络革命力量，准备武装起义。去绍兴前她曾回到湘潭，看望儿子王沅德，并为革命事业筹集资金。她曾持刀逼迫王黻承开具义源当四千元支票,带回绍兴作为革命活动的经费。

(罗尊柱:《秋瑾在湘潭》)

借款之另一说

秋瑾婶娘曾问她家娘要钱,家娘不理她。秋瑾婶母就把刀子往桌上一砸,扬言要杀一个人。她家娘家爷见她这样凶猛,就要管家的拿了四千元给她。

(王蕴琏:《回忆婶母秋瑾》)

归视子女家人

烈士(秋瑾)以为欲谋举大事,未知生死若何,乃于一九〇七年春,往湘潭视其子女,并告其夫曰:"吾已以身许国,以后难以再聚,君可另择佳偶,以为内助。"居数日,即行返浙,其夫亦终身未另娶。

(《秋女烈士瑾略传》)

秋先生

(秋瑾)住在抚台衙门前过军桥南首路西一家小客栈荣庆

堂里。走进客栈门，过一个约两公尺宽的狭小天井，踏上檐阶，有一条小弄，左首的房间就是秋瑾的住室，窗户临天井，室内明亮，来人晤谈，就在这里。斜对过，小弄的右首，比较隐蔽的一间，是新会员填写志愿书、秋瑾和新会员谈话的地方。秋瑾当时身穿一件玄青色湖绉长袍，头梳辫子，加上玄青辫穗，放脚，穿黑缎靴。那年她三十二岁。光复会的青年会员们都称她为"秋先生"。

（周亚卫：《光复会见闻杂议》）

秘密革命

予家旧住和畅堂，为明大学士朱公别业。僻处城南，人迹罕至。西首客厅，与内室隔绝。故光复会同志，在吾家集会之日为多，客来以骑，门前系马常满。邻里见惯司空，恬不为怪，自辰迄酉，往来蹀躞，亦不谂所为何事。佣人阿六，佚其姓名，手有骈指，遂以阿六呼之，年事可五十许，虽为乡曲，而性极狡黠。客至，令任奔走之役，诸凡进茗瀹酒，胥为渠职。室中诸人，睹见阿六，则切切私语者，立效金人之缄，不能聆只言片语。间有数客，振笔疾书，亦亟亟掩纸几案，惧为所窥。一日，又见诸客各拈纸阄，阿六好奇，欲穷究竟，先姊怒之以目，挥手令去，屏诸户外。凡兹种种，阿六固不能无疑，出以语人，以事不干己，亦漫置之。后此事泄，始悟区区斗室中，事态严重，乃非想象所及也。

（秋宗章：《六六私乘补遗》）

与贵福之委蛇

一

绍兴府知府满人贵福，出身翰林，于先姊（秋瑾）之人格学问，极为钦迟，尝撰联赠之云："竞争天演，雄冠地球"。姊虽恶其人，然利用其昏庸，免为革命阻力，故亦虚与委蛇。

（秋宗章：《六六私乘》）

二

瑾于接事之初，尝极力向地方官吏多方联络，故开学之日，知府贵福及山会两邑令咸致颂词。贵福并赠瑾对联一，曰"竞争世界，雄冠全球"。瑾于是益得畅所欲为。

（冯自由：《革命逸史》）

对劣绅之鄙薄

越中有劣搢某某等数人者，平时厕身学界，以搢绅先生自命，干预词讼，声名狼藉。以贵福之推重先姊（秋瑾）也，则亦辗转结交，藉广声气。姊嫉恶如仇，夙谂若辈隐慝，深知鄙薄，不稍假借。以此某某等均深衔之。

（秋宗章：《六六私乘》）

折皂隶

当女士（秋瑾）掌教大通时，好作戎装，悬刀跃马，驰马而过通衢中，不知者咸以为赳赳武夫也。一日，适冲州吏前驱，将执之，女士即返马疾驰，皂隶以为惧而奔，追之，将抵府署，女士勒马笑顾曰："试同视州尊何如？"皂隶至是，惊为非常人，乃大惧，频频叩首如捣蒜。女士一挥笑之曰："今后尔亦知，大路大家走之意否？"一时闻者莫不大快，盖人民平日苦于皂役之横冲直撞多矣。女士知之，故折之，实为激扬民气之蒿矢。

（施淑范：《秋女烈士瑾之轶闻轶诗》）

设体育会

一

大通学堂原为徐锡麟、陶成章、许仲卿等所创，成立于丙午年八月，实为光复会训练秘密会党以兵式体操之机关，数月后成绩斐然，锡麟、成章以别有所谋，不暇兼顾，所委托之人又不能胜任，乃于丁未（一九〇七年）正月请瑾主持校事。瑾乃添设体育会，欲令女学生皆习兵式体操，已为督率，编成女国民军，绅学两界皆反对之，女学生亦无至者，瑾不得已乃多招金、处、绍三府会党头目数十人来习兵操，瑾亦自著军衣，乘马出入城中，深为当地士绅所不悦。

（冯自由：《革命逸史》）

二

丁未正月，诸办事人请秋瑾主持校事（大通学堂），瑾乃设体育会，欲令女学生皆习兵式体操，已为督率，编成女国民军，绅学两界皆反对之，女学生亦无至者。瑾不得已，乃多招金、处、绍三府会党头目数十人，来体育会学习兵操。学生群至野外练习开枪，于是二万之子粒，骤减至六七千粒。瑾亦自着男子体操洋服，乘马出入城中，士绅咸不悦瑾所为，群起而与之为难。瑾有众学生后援，与诸士绅力争，士绅虽不能敌，而其恨益滋矣。

（陶成章：《浙案纪略》）

三

大通学堂是借用绍兴城内古贡院豫仓的空屋，这里现为绍兴市第一中学部分。……秋瑾在大通学堂利用体育专修科的名义，秘密训练浙江各地革命党人，并培养了许多军事干部。她主持大通学堂期间，还曾在仓桥的诸暨册局（诸暨人在绍兴城里寄寓的住所）设立体育会，动员女学生学习军事技术，编成女国民军。

（大雁：《秋瑾在绍兴二三遗迹》）

往来杭沪准备革命

一

正二月间,瑾屡往来杭沪,运动军学两界,其方法不外藉会党之声气,以鼓舞军学界,复以军学界之名义,欷动会党,而以大通学校为其中枢。

(陶成章:《秋瑾传》)

二

正二月间,瑾屡往来杭沪运动军学两界,三月间复亲历金处诸邑两次,既归大通,复函召各属会党入绍兴计事,其所最信任之会首为义乌吴琳谦及金华徐买儿、武昌周华昌,卒得三人之力,使各属会党翕然就范。及筹备略竣,乃分光复会职员为十六级,以所撰七绝诗一首为表记,诗曰:"黄祸源溯浙江潮,为我中原汉族豪。不使满胡留片甲,轩辕依旧是天骄。"凡从黄字迄于使字,皆有表记,例如黄字为首领,首领五人即以推徐锡麟等。祸字为协领,无定员,瑾自居协领,源字为分统,以洪门各会党首领任之,浙字以下为部长、副部长等职。各职员均以金指环为记,指环文字即以已职衔之代名词嵌入之,或以 ABC 等英文字母代之,其势力遍及金、处、绍各府县,即其他府县会党亦多受其部勒。

(冯自由:《革命逸史》)

为革命积极筹款

追光复会组织成立,筹饷购械,难以为继,先大姊(秋瑾)目击心伤,专赴湘潭,孑身至王宅,时子芳(王廷钧之号)宦京未返,君舅健在,谈次悉姊近况,即畀数千金。

(秋宗章:《六六私乘》)

赠钏记

一

丁未(一九〇七年)夏至,予(徐自华)方居父忧,在语溪亲舍,忽璇卿(秋瑾)自杭州来,云"将返越举义矣。顾饷绌,将奈何?"予虽心以为危,然义不能阻其行,乃悉倾奁中物纳之,曰:"持以赠卿,可乎?"君鞿然曰:"感姊厚贶,何以为报?"蘧脱双翠钏示予,曰:"事之成败未可知,此区区物畀阿姊纪念何如?"予为之悚然,顾弗得却,因相与涕泣,以"埋骨西泠"旧约相属而别。

(徐自华:《返钏记》)

二

卿之赴义山阴也,先来余家。时已夜半,众俱安睡。忽闻叩门声,咸大异之,急遣婢启视,乃君也。不禁欢甚。与寝处者三夕。君为余慷慨论事,且示决死意。余知其不可劝,遂听之行。临别,君出翠钏一双,盛以手枪匣,郑重畀余,以当他日纪念。

(徐自华:《悲秋记》)

三

刚过端午节,秋瑾到我家乡崇德,与家姊商筹军饷。姊氏倾全部首饰,约值黄金三十多两相助。秋瑾赠翠钏留念。临别时又作诗一首赠徐自华:"此别深愁再难见,临歧握手嘱加餐;从今莫把罗衣浣,留取行行别泪看。"

(徐双韵:《记秋瑾》)

四

(一九〇七年)五月,瑾在绍兴。部署既定,因赴上海,与徐锡麟等相约。乃出石门,夜半叩自华家门而入,告:"将起事。以资竭,将奈何?"徐即悉被其衾所有,畀之。瑾大感激,立脱臂上双翠环予徐,曰:"事未可知。姑留此为异日纪念!"及行,复语徐曰:"岳王坟前一诺。颇可信乎?"徐惨然曰:"苟至此,余必为卿谋之!"因怅惘而别。

(《徐自华》)

与徐锡麟相约起事

是时徐锡麟在安庆蓄谋大举之布置已渐成熟，遂与瑾相约于五月内分途起事。瑾于四月初乃复编制所属各洪门会党为八军，用"光复汉族大振国权"八字为八军记号。定议先由金华起事，处州应之，俟清兵自杭州出攻金处，即以绍兴党军渡江，乘虚以袭省城，军学界为内应。若攻杭城不拔，则回师绍兴，入金华处州，出江西以通安庆。

（冯自由：《革命逸史》）

起事之准备

丁未三月来沪访于余学校时，余方读书沪上也。自是余频往《中国女报》社，与秋有所谋，并晤陈君伯平。陈君伯平赴绍，旋秋君将返绍谋响应。余与朱君仲侯为购军用器械，秋君回绍就大通组织暑假体操会，预备起义。适皖中事败，徐锡麟、陈伯平、马宗汉死之。秋君仍主急进，日事操演，如临大敌。浙省大吏早有所闻。

（《朝野新谭》丁编）

浙案之发生

部署就绪，公推徐烈士为首领。姊（秋瑾）为协领，王季高（名逸，乳名金发），竺酌先（名绍康，又字谪仙，前浙江省保安处长竺鸣涛之父），张恭（金华人，参与辛亥、癸丑两次革命，见嫉于袁世凯，唆使侦探诱捕之于沪，后被赦归，病殁故里），吕逢朝（处州人）为分统。未几，徐烈士以绍兴党山村富豪许少卿之助，入赀为候补道，束装赴皖，奉檄为巡警学堂总办。往返密商，俟皖事得手，则浙省亦发难响应。议定，遂选光复军三十二人赴杭，又别遣二百人，散去江干伺动静。一经宣布，则省中第二标新军即为我用，同时攻上海而逼苏常；皖军则上扼武汉，下趋江宁。东南半壁，即可为根据地，简搜精锐，北窥幽燕，天下事可传檄定。讵知徐烈士（锡麟）以巡警学堂庶务顾松偾事，先期而发，刺杀皖抚恩铬后，即被捕惨戮。风声至浙，而越祸起。种种计划，悉付泡影。实清祚之未绝，非人谋之不臧也。

（秋宗章：《六六私乘》）

革命计划之泄露

秋瑾回绍兴，转金华、武义，发布五月二十八日起义命令，通知巡风聂李唐作准备。聂在无意中泄漏机密，传至武义县城，知县钱宝镕急报浙江巡抚求援，就派兵在聂家搜出会党名册，牵连大通学堂。金华、兰溪的会党也遭波及，革命计划完全泄露了。

（徐双韵：《记秋瑾》）

起事之败

初定期五月二十六日大举，旋易为六月初十日，讵五月初绍兴党人裘文高已集众在台州树革命军旗帜，二十一日义乌党人以运动事泄被捕，二十三、四等日金华党案又发，瑾以事机急迫，乃使陈伯平赴安庆告锡麟，锡麟知不能再延，遂于二十六日皖抚恩铭莅警察学堂阅操时乘机杀之。卒以筹备未熟，与陈伯平、马宗汉先后被逮死焉。安庆义师遂全局崩溃。清廷以是大兴党狱，株连极众，大通学堂本锡麟手创，至是更无可幸免矣。

（冯自由：《革命逸史》）

心伤徐锡麟之死

六月初一日，上海各种日报既到绍兴，瑾始悉安庆事（徐锡麟身死），执报纸坐泣于内室，不食亦不语，又不发一令。有劝之走者，不问其为谁何，皆大诟之。

（陶成章：《浙案纪略》）

其势益孤

徐锡麟之败，瑾于六月初一日阅上海各报始知其事，为之寝食不安，懊丧异常。是时所规划之浙省军事，金华之党军已尽破坏，处州府之一部尚无发动消息，嵊县党人则又别成一旅，校中诸生相议即日举事，先杀贵福，占领绍城，而后再图其余，尤胜于束手待毙。瑾则力主必待嵊县之兵来然后举事，且分遣体育学生二十余人往杭城分头埋伏，以为内应。于是藩离尽撤，而其势益孤。

（冯自由：《革命逸史》）

"我不入地狱，谁入地狱"

绍兴为徐锡麟烈士的家乡，大通、明道两校又为革命党所创办，秋瑾为负责人，为当道所注意，恐遭波及。我乃托女医生张竹君转请李平书与法捕房联系，使秋瑾避入租界，以免危险。疏通就绪后，由杭州女师同学胡踵秋到绍兴通知秋瑾，劝即离绍赴沪。而秋瑾毅然拒绝说："我怕死就不会出来革命，革命要流血才会成功。如满奴能将我绑赴断头台，革命成功至少可以提早五年，牺牲我一人，可以减少后来千百人的牺牲，不是我革命失败，而是我革命成功。我决不离开绍兴，愿与男女两校共存亡。你回去同我们妇女同志说，要求男女平权，首先要做到男女平等的义务。我不入地狱，谁入地狱。"

（王璧华：《秋瑾成仁经过》）

焚毁文件

一

和畅堂东隅,有小楼一角,梯下光线黝黑,霉气冲人,姊(秋瑾)之秘密文件,胥藏于此。犹忆是日(指六月初三日)上午,姊冒雨归来,匆匆入室。时浔溪学生吴惠秋犹寓余家,两人耳语良久,为状甚促,始知是日先姊与惠秋扃户,将梯下文件,悉付一炬,焦气触鼻,不敢问。

(秋宗章:《六六私乘》)

二

和畅堂东隅,有小楼一角,梯下光线黝黑,霉气冲人。姊(秋瑾)之秘密文件,胥藏于是,《私乘》中有记述。当皖江事败,噩耗传来,适为五月杪之某日。犹忆是日上午,予正召栉工理发,蓦睹先姊冒雨归来,匆匆入室。时浔溪女学学生吴惠秋犹寓予家。两人耳语良久,为状甚促,予犹童骏,不以为意。数岁后,先姊墓有宿草矣,偶与家人话前事,始知是日先姊与惠秋扃户,将梯下文件,悉付一炬,焦气触鼻,人不敢问,姊亦不欲言也。

(秋宗章:《六六私乘补遗》)

束手就擒

一

先是绍兴士绅胡道南等素不悦瑾所为,风闻瑾平日有交结平洋会党不轨情事,遂挟嫌向贵福告密,贵福亦早有所闻,至是遂微服宵行上省请兵。巡抚张曾敭据报,立派巡防营统领李一智率第一标兵渡江,赴绍兴围捕。当拔队时,李将各兵身上及随身各物搜索无遗,恐其有通党军也。以故兵营中极形骚扰,瑾于初三日得讯,乃令诸生将枪械藏过。初四日上午王金发自嵊县来,与瑾商酌十日举事之约,午膳毕从容而去。未几即有党人归报,言清兵已来,瑾使再探,回报往东浦,瑾信为然。众学生咸劝瑾出奔,瑾不答。学生于是散去者数十人。清兵旋至学堂,不敢遽进。又有学生劝瑾向后门乘河渡船走者,瑾神色自如,只令学生及办事人先走,自居内室端坐不动,盖自闻徐锡麟死耗,已蓄义不独生之志矣。清兵攻入前门,不意为学生击死数人,伤者亦数人,学生死者二人,瑾束手就擒。

(冯自由:《革命逸史》)

二

农历六月初四日上午,王金发从嵊县来,协商善后。午后知清兵已入绍兴,大通学生劝秋瑾离堂暂避,但秋已决心殉难,即遣散最后一批同志,而程毅等数人坚不肯去,甘同进退。这时内奸蒋纪(又名纪云)忽从兰溪来,纠缠索费。贵福及李益之即率领新军，包围大通，荷枪实弹，如临大敌，闯入学堂。两位同学英勇抵抗，终至牺牲。而秋瑾与程毅（教师）、徐颂扬（学生）、钱应仁（学生）、吕松植（学生）、王植槐、石宝熙（学生）、蒋纪（职员、内奸，后亦判刑一年），都被捆绑，解入绍兴府衙门。

（徐双韵：《记秋瑾》）

三

六月初二日，杭城派第一标兵渡江来绍兴，当兵起身时，将各兵身上及随身各物件皆察搜无遗，恐其有通绍兴党军也。以故兵营中极为骚扰，事为武备学校学生所闻，遣使报告于瑾。瑾于初三日得是信，乃率诸学生将枪械藏过（即前徐锡麟所购者，至时枪仅留三十二杆，子弹亦仅留六千数百粒而已）。初四日上午，王金发自嵊县来，与瑾议事，午膳而去。金发去后，即有人来告杭城兵到，会蒋纪适从兰溪来，学生闻兵至，又欲散去，纪牵瑾裙，向之索川资，瑾无以给之。正纷扰间，杭兵已来，围堵大通学校前门，不敢即进。又有学生劝瑾向后门乘船渡河走者，瑾不应，仅令诸学生及办事人先走。于是有出前门冲敌而去者，有自后门渡河而逸者。清兵攻入前门，学生死者二人：一为永康人沈荣卿之会友也，一为嵊县人王金发之党徒也。

（陶成章：《浙案纪略》）

临刑约三事

一

秋氏（秋瑾）被逮后，即入山阴狱，次日夜深，正商明禁婆为解刑具，具纸笔作书。忽闻叩门声急，禁婆隔门与语，答以复审之事，趣禁婆速启门。门辟灯光烛天，兵士列队，如临大敌，禁婆入见秋氏，战栗不能出一言，泪落如线。秋氏曰："汝勿怖，待我出门往观。"及狱门，心知有变，语兵士曰："汝暂息灯，容我凝神片刻，有语问县官。"及见县官，告以："余犯何罪至此？欲一见贵福死无憾。"县官曰："吾极知汝冤苦，无回天力奈何？且事以至此，见贵福胡为者？"乃与县官约三事：一请作书别亲友，一临刑不能脱衣带，一不得枭首示众。县官许以后二事，秋氏谢之。即有兵士前后掖之行，秋氏斥曰："吾固能行，何掖为？"及至轩亭口，秋氏立定，从容语刑人曰："且住，容我一望，有无亲友来别我？"乃张目四顾，复闭目曰："可矣。"遂就义。县官监斩毕，在肩舆中痛哭以归，路人为之泣下。贵福以此衔之。

（《小奢摩馆脞录》）

二

贵福就令会稽知县李瑞年，在六月初六日（公元一九〇七年七月十五日）一早，向监狱提人。秋瑾见灯烛辉煌，士兵成群，就向李瑞年说："我有三个要求：一、写信给家人亲戚朋友；

二、临刑不能脱去衣服,三、不要以首级示众。"李答允二三两项要求。

(徐双韵:《记秋瑾》)

"秋风秋雨愁煞人"

一

顾当被逮鞫问时,(秋瑾)自承为男女平均革命,非满汉种族革命,此外则唯自书"秋风秋雨愁煞人"七字,义亦甚晦。所以然者,殆由投鼠忌器,不欲贻祸家族,故讳言之云尔。不则"倡议排金"者,宁非无的放矢乎?姊就义惨状,知者甚多,毋庸殚述,且涉笔至此,心意烦乱,罔知所从,亦不忍追忆也。

(秋宗章:《六六私乘》)

二

先是绍兴太守贵福,得奸绅袁胡二人告密,谓秋君将举义。乃于六月四日,遣兵围大通学堂杀学生无算,捕秋君去。屡次审问,秋君无供词,仅画"秋雨秋风愁煞人"句,贵福竟凭七字定谳。

(《朝野新谭》丁编)

三

秋瑾拘在卧龙山女狱内,未几被贵福提去审问,百问不答。最后讯以朋友姓名,就答:"你也常到大通,并赠我'竞争世界,雄冠全球'对联,同在大通拍过照相。"贵福遂不敢再问。次日交山阴县李锺岳审问,秋只书"秋风秋雨愁煞人"七字,别无他语。

(徐双韵:《记秋瑾》)

四

既捕得秋瑾及程毅等十余人,俱押解山阴县狱,贵福嘱李来日研讯,胁以严刑,务得确供;李唯唯。翌晨,在县廨花厅集讯,李坐坑上,提秋瑾入,即于厅右置椅命坐,首询以是否为革命党?秋瑾曰然。问革命何为者?曰:"吾所主张为男女革命,初未触犯法网,不知何由见逮?"李闻言,环顾侍立吏役中有一为贵福遣来监视者,因颦蹙不答。良久,以素纸及几上朱笔授秋瑾,曰:"闻尔文理尚优,可随意写数字见示。"秋瑾初书一"秋"字,李促之再,乃成"秋雨秋风愁煞人"七字。

……这句并非秋瑾自撰,实出在嘉、道年间娄江人陶澹人《沧江红雨楼诗集》中的《秋暮遣怀》诗中的一句,诗曰:"人生天地一叶萍,利名役役三秋草;秋草能为春草新,苍颜难换朱颜好。篱前黄花未开花,寂寞清尊冷怀抱;秋雨秋风愁煞人,寒宵独坐心如捣。出门拔剑壮梁游,霜华拂处尘氛少;朝凌五岳暮三洲,人世风波岂能保;不如归去卧糟丘,老死蓬蒿事幽讨。"

(秋宗章:《前清山阴知县李钟岳事略》)

严讯逼供

贵福以李钟岳不肯逼供,势难深文周讷,逮捕党人,乃改派幕友余某严讯。秋瑾只说:"革命党人不怕死,欲杀便杀"的豪语,咬牙闭目,忍受酷刑。余某得不到革命秘密,只得用伪造供词,强捺指印结案。

(徐双韵:《记秋瑾》)

事败于汤寿潜

贵福亲坐堂,行列炬如昼,刑索锒铛相闻。时瑾衣睡衣,楚楚可怜。然自恃与贵福相识,冀不死。贵福则视为奇货,意存周内,遂不得其供,即定狱。方其受鞫,只供一秋字,贵福即曰:"止!汝供宁足证实。"即命拉下。发县狱看守,自提伪供,星夜渡江,见臬司,欲扣抚辕。臬司以为夜分过子,恐不得见中丞。而贵福以为不世功,又恐迁延纵变,求臬司手草数语,因见中丞。中丞大惊,绕屋走,手足无措,以电话询路总办汤蛰仙,问:"秋瑾如何人?"曰:"革命党也!"遂议定就地斩决。

(陈小蝶:《秋狱》)

伪造口供

彼时绍兴知府为满人贵富(即贵福),其幕僚中有一徐某为秋瑾的表兄,秋瑾由他介绍得与贵富相识,过从甚密,秋瑾借此以掩护革命工作,并窥探绍兴军政情况。贵富本来未决意捕杀秋瑾,乃商于绍兴巨绅汤寿潜。汤寿潜恨秋瑾主张男女平等,是破坏伦常,反提出秋瑾所做的诗词里的"男女平权一杯酒,责任上肩头","大好头颅求善价,不知谁是估屠人","山河破碎我无家"几句作为她从事革命的证据。贵富乃捕秋,讯问口供。秋瑾洋洋千余言,痛骂清政府祸国殃民,并骂汤寿潜吞没沪杭路款,欺骗国人。汤见供词大窘,对贵富说:"这种供词如发表,不仅不能镇压革命,反要促成革命,可照曾文正对李秀成供词的办法,伪造口供。"竟以"秋风秋雨愁煞人"为她造反的罪状,促使贵富杀害了她。

(王璧华:《秋瑾成仁经过》)

英勇之就义

一

清兵获瑾于内室,贵福使山阴令李宗(钟)岳提讯瑾,瑾不作一语("秋风秋雨愁煞人"七字不知系何人造作,登之报上,口供则由贵福使幕友为之)。遂于翌晨四时就义于轩亭口下。

(陶成章:《浙案纪略》)

二

纪元四六○五年(即一九○七年清光绪三十三年丁未)六

月初五日三点钟,秋瑾已在轩亭口被杀,杀时秋瑾身穿白汗衫,外穿元色生纱绸裤,脚穿西式鞋,并带铁镣,两手背绑,从容就义。

(《满夷猾夏始末记》)

舆论大哗

一

六月六日破晓杀秋君于轩亭。相传当时红云蔽天,阴风削骨,行刑者、旁观者莫不战栗,而秋君(秋瑾)坦然就戮。秋君身首异处,而面色如生。闻者莫不叹惋,舆论大哗。海内致哀词者数千人。

(《朝野新谭》丁编)

二

六月初四日,程毅和秋瑾一同被捕。六日,秋瑾在轩亭口被害。程毅被关在绍兴府狱牢里,审问了十七次,虽经酷刑严讯,他除了提到秋瑾之外,没有供出光复会的一件事、一个人;第二年秋间病死狱中。

秋瑾被杀,杭州方面人心很愤激;不知道秋瑾的人都因此知道了秋瑾,不懂得革命的人也因此受到了革命的教育。《杭州白话报》登载了一幅插画:画面是波涛滚滚的浪潮,当中有一只鼓足了风帆的航船,上头题诗两句:"秋雨秋风天欲黑,张帆暗送浙江潮"。"秋雨秋风"是秋瑾供词中语,"张帆"是指当时浙江巡抚张曾敭(张号筱帆)。新军第一标标统李益智因为从杭州带兵到绍兴,参与了包围大通学堂、逮捕秋瑾的事,他从此在浙江就很不得人心。……杭州知识界为了秋瑾案很不满意汤寿潜。因为绍兴知府贵福逮捕秋瑾之后,因汤负有重望,曾经征询过汤的意见,而汤的表示却是不利于秋瑾的。

(周亚卫:《光复会见闻杂忆》)

被害之始末

六月初四日午前八时顷,音乐教员某先生自中学校(绍兴府学堂)来,称贵福至杭调兵两队,已于今晨到绍。当至东浦徐宅(徐锡麟家)搜捕,并即搜查此校(大通)云云。十一时许,厨役自外归,告女士(秋瑾)曰:"刻在茶肆闻说,贵府(福)今欲捕汝,请速避去。"女士曰:"与我何干!真正胡说,祝此校虽为徐锡麟所发起,不过旧职员之一分子,而学堂教员何得株连。我一清白女子,无纤毫之过犯,何必走避以启情虚回避之口实耶!"时某亦在侧,劝之曰:"君言诚是,然彼等酷吏,玩法邀功,在所不免;若不避去,恐将有所不利焉。"

女士曰:"天下宁无公理耶?"某曰:"对野蛮之官吏而欲与之讲公理,程度未到,未免太过。"女士曰:"虽野蛮,野蛮不至此。予无罪,何必走!君若恐怖,避之可也。某见其志决,即置勿论。"俄闻钟声,共至膳室午餐。甫毕,其兄与某女士至。告以兵来搜枪,且有捕人之意。街头传说,尽人皆同。职员与学生,均早避为佳。女士曰:"此间之枪,系前熊太守批准照办,且亦为贵守所见惯,何待搜查?如彼过虑,听彼索还可也。何捕人之有!"

大通学校之枪,计三十五枝。内九响三十四枝,十三响一枝,不特为贵守所见惯,且贵守莅任之初,参观大通学校,曾合摄一纪念写真,即本报卷首所载者,学生均擎枪前列,教员及贵守等后列,其后列之中央三人,立于左者为豫仓总董徐吉孙君,立于右者,即被贵守妄押缴金始释之孙德卿君,立于中者,即贵守也。此写真为冤狱之铁证。故现为贵守搜毁殆尽,几如吉光片羽,阅者幸勿等闲视之。

其兄闻之,颇以为是。即偕某女士去,时则已二时矣。逾时,女士奏琴,某外出。归途,遇孙君,告某曰:"贵福带兵四百余名,围住大通学堂,学生出逃,当为枪毙多人。秋女士与程毅等,出而诘问,均被拘去。沿途肆意殴打,行至某处,一兵将手枪二枝,掷于道旁,指为女士裤裆中落出,刻已押解到府。所有大通之银洋五百余元,及一切物件,亦为掳掠而空矣。某闻是言,且惊且恨,即央沈君托人至府署观审并为调查一切。沈君曰:"君系大通教员,来往于途,亦颇不便。"某即随之至其家,沈君托某刑名之弟探听一切。翌晨(初五日),某刑名之弟来沈宅报告,谓秋女士予昨晚发山阴鞠讯,连审二次,并不则声,上天平架,仍忍痛不语,勒书供状,始仅书一"秋"字,继以再四相强,乃续成"秋雨秋风愁杀人"一句,而程毅等六人分头审讯,虽受严刑,亦无口供。是夜十二时,某刑名之弟又来沈宅,谓秋定杀罪,省文已转,明日黎明当即行刑。以纤弱一女子,竟以"秋雨秋风愁杀人"之七字,而处之以死,不亦惨耶!

初六日午前三时，沈君以昨夜闻警（即刑名之弟所报告），故至山阴县署探观，时天尚未明，见会稽县令李嘉声，升坐公堂，预备行刑，盖山阴县令李钟岳知女士冤，力谏无效。不忍与闻，托病请假，故由会稽县代之。秋女士是时从容如故，惟向李令（嘉声）要求四事：（一）要求作书至家族；（二）要求勿脱衣服；（三）要求勿以首级示众；（四）要求向兵丁追缴在校劫去之五百余元，助入平籴局，以惠贫民。李令均不之许，女士长叹一声，默然不语，遂如法捆绑。排队拥护赴轩亭口……枭其首，抛其身。亲属不敢前来收尸，由同善局备棺收殓，其棺未能钉固，不久棺盖即被风吹去，从此日炙雨淋，受无形之暴尸刑。至其斩首暴尸之详情，非微记者所不忍记，想亦阅者所不忍阅也。

女士既被害，贵福欲迫程毅等虚供以证实女士罪，遂用跪火炼等刑讯。而程毅等终无所供，宁忍痛苦，不忍诬捏。贵无何，定程毅以监禁罪，其他亦定罪有差。又以李钟岳意见不洽，罢其官。然李钟岳虽未监斩，而曾刑讯，自思既负贵福，又负秋瑾，一时愧悔交并，遂自缢死。

（佛奴等：《秋女士被害始末》）

家属之不敢收尸

一

尔时有一困难问题，耿耿于怀，不容恝置者，先大姊（秋瑾）之灵榇是已。当六月初旬，吾兄弟颠沛造次，已为亡命之客,慑于淫威,不敢前往收尸,但由善掌草草成殓,藁葬于府山之麓。掩蔽无具,听其暴露,此则先兄引为大戚,而又责无旁贷者也。

(秋宗章:《六六私乘》)

二

里正某甲,即嘱我家往轩亭收尸,家人惧祸弗敢往,置之不理;遂由善堂草草官殓,藁葬于卧龙山麓(俗名府山)。七月初旬,风声稍靖,予兄……密雇夫役数人,潜往移柩,厝于常禧门外严家潭丙舍。

(秋宗章:《关于秋瑾与六月霜》)

三

其死,以手抱颈,箕踞,形如伏蛙。宗族惧连坐,莫敢收。

(陈小蝶:《秋狱》)

事后之补救

一

会贵官(福)去官。过去事已为社会人士所淡忘,先兄遂密雇夫役,移榇赏禧门外严家潭丙舍暂厝。明年戊申,桐城吴芝瑛、石门徐寄尘两女士,推故人之谊,为窀穸之谋,卜兆西泠,营建茔地。董其事者，为芝瑛女士之夫无锡廉惠卿先生。先兄至杭会葬，于灵榇过断桥时及安窆后，各摄一影，留为纪念。墓成，芝瑛女士自书"呜呼鉴湖女侠秋瑾之墓"之碑，勒贞珉，立于墓门。寄尘女士撰墓志铭，亦由芝瑛女士书之，石印成册，分贻朋好。论者谓其事其文及书法，足称三绝，盖非过誉也。

（秋宗章：《六六私乘》）

二

一九〇八年一月，家姊寄尘为了实践秋瑾埋骨西泠的遗言，复商得吴芝瑛女士的同意，遂只身风雪渡江，迁柩至杭，加上木椁。由家姊购地，吴女士慨助葬费二百元，安葬于西泠桥堍。吴芝瑛有西泠吊秋诗，为时传诵，诗曰："今日西泠拼一恸，不堪重唱宝刀歌。"盖纪实也。

（陈谧：《吴芝瑛传》）

清廷之刁难

崇阡卜吉，奉奠礼成，入土为安，永固魂魄，意谓可以无事矣。讵知轩然大波，转瞬复起。有满御史常徽者，忽奏请平墓，词连南中首事诸人，吴、徐两女士均未能免。两江总督端方，于惠卿伉俪，夙相推重。芝瑛女士知其人有金石之癖，赂以拓碑板数种，值价巨万，为外间所不经见。端方大悦，力任昭雪，而美国传教士麦美德女士，尤为奔走斡旋，幸未根治，惟平墓则事在必行。先从父青士公,方官黑龙江提法司,先兄以迫于境遇,往依之谋升斗。浙抚增韫,故与从父有旧,贻书龙江,促家族迅速迁葬。先兄不敢抗,间关万里,遄返浙中,仍移厝严家潭丙舍。

(秋宗章:《六六私乘》)

新墓之营建

辛亥八月武昌起义,浙省相继光复,缅怀死难诸先烈,愿捐顶踵,誓灭妖氛。或丧先轸之元,或埋苌宏之血。见危授命,视死如归,不有表彰、奚资矜式?于是浙省当道,徇地方士绅之请,有营建秋墓之议。派员往湘,专司其事。湘潭王氏,初以惊动先灵为辞,拒绝迁葬。浙中人士,则以先姊(秋瑾)归正首丘,宜瘗故土,争之甚烈。几经平亭,卒得启穴归榇。仍就西泠桥畔旧址,筑茔安葬。三尺桐棺,迁徙频数,至是乃佳城永固焉。

(秋宗章:《六六私乘》)

纪念碑之立

绍兴轩亭口为先姊(秋瑾)成仁之所,地处闹市,过客喧阗,凭吊欷歔,不胜向往。数年前,邑人王子余先生,鸠集同志,列名发起,就原址改建风雨亭,立纪念碑,以资观感,醵金不足,请求政府补助,已观厥成。予久客武林,不恒返里,偶然假旋,又以所居僻左,末由瞻礼。然发起诸君子之盛意,则家属欣慰之余,所当顶礼感谢者也。

(秋宗章:《六六私乘》)

风雨亭

西湖秋墓之侧,亦建有风雨亭。阅时稍久,柱木渐为白蚁所攻,以致倾颓。秋社徐寄尘社长,曾发起重建,估计需费数千金。社款支绌,万无余力。因印发捐簿,分致社员,求助将伯。瞬逾两稔,应者寥寥。窃谓此非私人之事,亦非少数社员之事。在公家,纪念先烈,责无旁贷,区区之亭,所费几何,纵度支窘急,筹建犹非甚艰,曷为让善勿居,视同秦越乎?

(秋宗章:《六六私乘》)

有此一说

及六月六日昧爽,姊(秋瑾)已被难,辰刻,山阴县令李公宗岳,即率隶役来予家搜查,独遗此室未入。斯固由李公识政体,不欲兴大狱,而重要证件,既已洇没,原亦无虑意外。所不解者,"军制军规"何由入贵福手?岂百密一疏,事前犹有遗算乎?以姊之明,曷致若是?因忆尔时越中颇有一种传说,谓贵福之于大通,初未经意,迨皖江事变,凡属伪官,人人自危,徐伯荪烈士（徐锡麟）为大通创办人，贵福不能无疑，以事无佐证，迟迟未发。会府狱羁囚中，有大盗某，夙擅武技，寻丈垣墉，跳跃如平地，既获案，爰书已定，刑有日矣。贵福忽夤夜召入密室，去其镣铐，温言慰藉，许以不死，命至大通侦动静。盗诺，孑身前往，稍显身手，跃登屋脊，去瓦下窥，如是者数夕，果胠箧得秘密文件，还献贵福，遂有六月六日之变，意即存档之光复军"军制军规"也。是事得诸传闻，未敢据以为信，惟言者凿凿，即吾家人亦类能道之，因述其梗概，以广异闻云。

（秋宗章：《六六私乘补遗》

遗集之刊行

先姊（秋瑾）幼随伯兄就傅。稍长，辍学习女红，先妣单太淑人犹督令自修。先君公余退食，亦尝命姊侍侧，亲为指点讲解。偶成小诗，即呈堂上润饰，以是进境甚速。遣嫁以后，自以少作多未惬意，随手弃掷，不甚珍惜。丁未之变，遗稿强半散佚，益苦无法搜集，除散见各种报章寥寥十数首外，余惟徐寄尘女士略有钞存，吉光片羽，弥足珍视。民十五，悉举以付吾女甥王灿芝。灿芝又益以平日所裒若干首，略加诠次，仓卒付梓，即今中华书局印行之秋侠遗集是也。姊天性亢爽，诗词多兴到之作，别有意境，弗加雕琢，恍如天马行空，不受羁勒，非若寻常腐儒之沾沾于格律声调，拾古人唾余者可比。读姊诗者，傥亦许为知言乎？

（秋宗章：《六六私乘补遗》

秋瑾轶事

卷 七

撰联天姥山

绍兴旧府属新昌县东五十里天姥山,有动石夫人庙。相传宋室南渡时,金兵到此,有巨石无数,自山巅滚下,金兵触石而死者踵相接。后人槽其灵异,醵金建庙,崇祀勿衰。虽齐东野语,不必果有其事,而长老传闻,犹虎虎有生气。姊(秋瑾)曾撰题一联云:"如斯巾帼女儿,有志复仇能动石;多少须眉男子,无人倡议敢排金。"其志趣已可概见。

(秋宗章:《六六私乘》)

姐弟会饮

先君好饮,予兄弟姊妹四人,秉此遗传,留恋良酝。忆丙午之冬,岁已云暮,大雪竟日,积之盈尺,室内呵气成冰,冷不可耐。姊(秋瑾)温酒消寒,独酌无偶,瞥睹予及二侄午桥在侧,因笑谓曰:"尔侪能饮呼?"曰:"可。"姊戏取案上二巨盏,各容酒半斤许,引满之,命予等作鲸饮。一吸而尽,姊莞尔曰:"犹有余勇可贾否?"予年少好胜,强应之,复浮一大白,幸无醉态,而午桥则玉山颓矣。后此每举以为谐谑之资云。

(秋宗章:《六六私乘》)

胸无宿物

先姊(秋瑾)赋性质直,胸无宿物,眉宇间含英气,双瞳尤奕奕有神,待人接物,必信必忠,生平不尚狙诈,亦不乐人谄谀。予幼时与侄辈嬉,间作妄语,辄遭呵斥,以故綦畏惮之。

(秋宗章:《六六私乘》)

胸襟坦白

河南程烈士毅,某日来予家,不知是何过失,为姊(秋瑾)所责,严词诋诃,不留余地。烈士惟唯唯引咎,不敢辨白。及午餐后,携予手游于户外,谑浪笑敖,犹有童心。前事俄已忘却,固由烈士天性肫挚为不可及,抑亦先姊胸襟坦白,所以感人者深也。予于烈士最为谂熟,尝见其着黄色斜纹军服,镀金之纽,熠熠生光,剪发蓄八字髭,肤色黄黑,身材中等,声容笑貌，宛在目前。丁未之变，亦连带被逮，以无佐证，狱久不决。先姊就义，烈士幽禁囹圄，闻耗较晚，惊起跳踉，若中狂痫，不食不饮，卒致瘐毙。今西湖秋社奉其栗主附祀。社会鲜知其人，因纪其崖略如此。

（秋宗章：《六六私乘》）

处世之法

先大姊（秋瑾）素旷达，不信命运。然尝述先君仕途中有二事，一若冥冥之中，自有主宰，则亦不能不诿之于数矣。初，先君居福建提督孙军门幕，以劳绩保知县，分发台湾。时台抚为合肥刘省三（铭传），拟檄委先君署台北某县，事已内定，忽为某有力者捷足所得，先君闻之，不无懊丧。甫逾二月，生番兹（滋）事，台北骚动，署县事者为乱民所戕，先君转得幸免。忆吾家先二伯祖雁臣公，官台湾淡水县知县，亦因番变，攻剿阵亡，躯体受践踏，几成肉糜。数月后事定，白骨遍原野。庶伯祖母林太孺人怀抱遗孤，往寻骸骨，苦难辨认，以旧法滴血试之，始获棺殓还葬。事闻，貤赠如例，袭云骑尉世职（事详林琴南《畏庐笔记》）。先君之不步雁臣公后尘者几希。此一事也。

洎先君以直刺分湘，历莞厘局，考绩报最，获补郴州直隶知州，甫欲履新，而先大父露轩公弃世，返里奔丧。数月后，复至湘，值甲午中日战起，湘抚吴大澂自告奋勇，率部请缨，幕府延揽，胥为一时英俊。或有为先君作曹邱者，大澂拘忌，颇以墨绖为嫌,巽言谢绝。及山海关丧师,奉旨夺职,同行诸人,狼狈遁散,资装尽失。先君服阕起复,复署桂阳州事。转类塞翁失马,因而得福。此又一事也。先君一生作吏,雅不欲奔竞,虽无殊遇,亦鲜颠踬,足为处世之法,故先大姊每举以诏弟侄云。

(秋宗章:《六六私乘补遗》)

本名闺瑾

(秋瑾)本名闺瑾,字璇卿,出洋后始汰去闺字,缘此三十年间,以闺瑾署名之文字,人多不知爱惜,以不知闺瑾即秋瑾故,旧时妇女,无所谓社交,况千金小姐,尤矜重罕与人面,观其命名可见。

(陶在东:《秋瑾遗闻》)

工诙谐

女士(秋瑾)工诙谐,词令之妙,使人解颐。课余无一日不与余雅谑。戏赠余句,有"安排娇骨用鞭挝",余亦戏答之"自笑诗魔爱秋色,何妨傲骨受卿挝?"女士曰:"子称我卿,礼太不敬!"余曰:"雅号璿卿,焉能禁人不唤!"女士曰:"人皆称我竞雄,卿字,不敢呼!"余曰:"人不敢呼卿我独呼,始特别。"女士曰:"子亦王夫人对安丰语耶!"余笑曰:"非也,平生傲骨崚增甚,每到低头总为卿!"

(徐自华:《秋瑾遗事》)

咏梅诗

余见其(秋瑾)咏梅诗,有"不遇师雄"句,问有何寄托?女士曰:"子又胡说!咏梅则咏梅,有何寄托?赵师雄罗浮一梦,岂非梅花之典乎?"余笑曰:"诗人吟咏,往往寄托遥深。如此胡赖,真当我门外汉矣!"女士亦笑曰:"子以为有寄托,即有寄托可耳!请试言其意云何!"余曰:"我不问何意,只问赵师雄究竟有否?"女士答曰:"赵师雄不在人间!子姓梅,请问和靖如何?"余笑曰:"珊珊玉骨谁能近?字与林家恐未真。"女士大笑曰:"子真胡赖矣!"

(徐自华:《秋瑾遗事》)

雅　量

女士(秋瑾)雅量,虽一二十巨觥不醉,酒后纵谈更豪。余不喜饮。常强之使醉。一日酒后,余凭窗执卷。女士夺之曰:"女学士请勿观书,看我舞刀如何?"余曰:"佳极!"女士即出日本所得倭刀,盘旋起舞,光耀一室,有王郎酒酣、拔剑斫地之气概。已而,将刀授余曰:"子试为之!"余曰:"不能!无魄力,难学子之英雄!"女士戏曰:"既知英雄,胡不具俊眼?子看我如古时何人？"余亦戏曰："子好兵器，刚毅英勇，如孙夫人。未识谁为刘先生，见子战栗而跪乎？"女士拍余肩曰："子工诗文，不亚徐淑，吾为子再觅秦嘉可乎？"余失笑曰："何出此匪夷所思之语！"女士笑曰："吾与子相等。子可觅秦嘉，吾亦有刘先主！"余味其言，知其隐矣！

（徐自华：《秋瑾遗事》）

擅辩才

女士（秋瑾）擅辩才，口角不肯让人。遇顽固者，常当面讪诮。余戒之曰："子太锋芒，恐招人忌！"同看《女娲石传奇》，余戏曰："四十八位女豪杰，璿卿必居其一！"女士答曰："七十二位女博士，君亦在焉！试评我像此书中何人？"余曰："琼仙！"女士曰："何以像琼仙？"余曰："颇自负，尚奇气，好胜心甚！"女士笑曰："冤哉！余何曾对子自负耶？"余亦笑曰："子对我不独无倨傲，且极温让，亦唐太宗看魏征，人云疏慢，我见其妩媚耳！"

（徐自华：《秋瑾遗事》）

悲中国无人

女士（秋瑾）与余论交，每每泣下，叹女界之黑暗，云："我最喜广交，闻女界有名者无不往访。岂知皆沽名钓誉，徒托空言。

屡次扫兴,故心灰意冷,学识志力,毕竟还算男学界中有几个人物,女学界中则竟少出类拔萃为同志者。"余曰:"内地人材稀少,东洋留学女生,岂无矫矫者？恐子太自负,故曲高和寡耳！"举最著名数人问之,女士曰:"我心中无是人,便不知如何。子既云有名,请问何人肯出而为公益事,牺牲一己？人皆云我目空一世,与子相处月余,当知余非自负者。庸脂俗粉,实不屑与语,余之感慨,乃悲中国无人也。"

(徐自华:《秋瑾遗事》)

感 时

女士(秋瑾)爱国心之真挚,时时感触生悲。一日,余至其室,见偃卧饮泣。知余至,垂帐内向。余黯然,搴帏问曰:"子有恙乎？"不答;"何忽作此态！"又不答;"思家乎？"曰:"我无家可思！""思亲乎？"曰:"母虽老,嫂甚贤！""忧国乎？"摇首拭泪,余坐床沿,默思良久,忽悟曰:"今日三月十九,乃前明亡国之期。子得感触于此乎？"女士瞿然,握余手曰:"慧哉,子也。既解此,胡不与我同志？"余无言慰之,作谐语曰:"子必长公主,抑费宫人转世耶！"

(徐自华:《秋瑾遗事》)

乔装摄影

女士(秋瑾)自诩乔装,人难辨别。余哂曰:"丰神态度,毕竟不同。乌有不能辨别？岂人尽无目者！"女士曰："子勿如是言。我明日倩数人易钗而弁，一试法眼。"翌晨星期，约数女生男装，偕至宜园摄影，倩余品题。余曰："小淑文秀，惜少潇洒；希英魁梧，而无跌宕；薪苹则软弱，浑似女儿腔矣！数子之中，自然是君英爽倜傥，最占优胜，亦乔装日久之效果也！"女士大笑曰："好月旦！面首三千，只中一人耶？我与若姊妹共摄一影若何？"余曰："君如此妆束，不便奉陪！"女士笑骂曰："迂腐顽固，真不可教者！"

（徐自华：《秋瑾遗事》）

"恐子望陌头杨柳"

余姊妹与女士（秋瑾），一见若素相识，一日不至其室，必呼小淑问曰："令姊胡不来？使人岑寂。岂恼我乎？"接陈君书曰："我有事赴苏，三四日即返！"去两日回，时夜半。余起而问曰："归胡速？"女士笑曰："恐子望陌头杨柳！"余曰："开口即戏！如此匆匆，究为何事，可告余知否？"略坐，相辞归寝。女士留曰："今日请同榻，有事奉告！"问何事？曰："说出子必骂我。"余曰："勿言！我已知，子欲赴苏校耶？"答曰："非苏校！爪洼欲聘教习数人，路遥，鲜有人往。我已允之！"余颦蹙曰："海岛热地，子有痼疾。子身万里恐不宜！"女士曰："子勿作儿女态！我生平喜为人所不为之事，死且不惧。令妹小淑，余素爱之，可否偕往，略为臂助？子真爱我，定肯许可！"余谓此事，我无主权，二亲若允，无不赞成！"

堂上果不许，女士与小淑皆怏怏。诸生不肯试验，余约同事公留。女士曰："子肯肩任小淑赴爪洼，则留至暑假！"余曰："小淑是妹，堂上有亲，焉能专主？"葛君亦曰："君不能因小淑一人却大众之情！"女士卒去，小淑感念知己，每以亲在身不能许友为憾也。

（徐自华：《秋瑾遗事》）

赠 钏

一

四月八日，女士（秋瑾）临行，送至河干，莫不流涕。五月中，女士果践前言，来与诸生别。濒行，出盘龙翠钏为赠，余答以金表链，曰："愿我二人盟言金玉。"

（徐自华：《秋女士历史》）

二

临别，女士（秋瑾）赠余盘龙翠钏，余答以金链，曰："愿我二人盟言金玉！"女士笑曰："此薛宝钗之金锁也！"

（徐自华：《秋瑾遗事》）

恶 谶

余亦笑问曰:"子此去为教习乎?为和尚乎?"时余有他事同赴沪。将到,(秋瑾)促曰:"快梳头!"余曰:"子不见小婢晕船耶!"曰:"我为子梳,胜尊婢万倍!"余曰:"何福得此侍儿?"女士曰:"子不见陈淑兰赠外诗?"余曰:"处处欲沾便宜,却出语不祥!"曰:"子怕我溺死,我必不如是死!"执镜自照曰:"好头颈,孰断之?"余恶其语,夺镜,失手坠地碎。女士大笑曰:"子欲吉语,偏是恶谶"。

(徐自华:《秋瑾遗事》)

嫉恶如仇

一日,余约女士(秋瑾)及吕女士共游张园,小憩品茗。见一留学生挟一雏妓,乘马车至。相将入,隔座恣谈笑谑。女士喟然叹曰:"君辈见留学界腐败情形乎?我往询是何处人!当面谏之!"余笑曰:"此辈半年居校,鸟入笼中。今来花姣柳媚之地,正欲赏心悦目,为消夏之计,干卿甚事?"吕君亦曰:"目下暑假归国者,不知凡几!大半挟妓俊游。君如此干预,未免太劳!"女士不听,作东语询之,留学生与语,面有惭色,雏妓则怒目,独至阶下,即乘车去。余笑谓曰:"子真煞风景!"女士亦笑曰:"余如骨鲠在喉,不吐不快!"其疾(嫉)恶如仇若此,今死非其罪,是必其平生太率直,口角取祸,人皆挟私愤而陷害之者！

(徐自华：《秋瑾遗事》)

诗 谶

女士（秋瑾）虽浙籍，而随宦生长湖南，口音习惯，纯乎一湖南人也。女士富天才，自幼即好翰墨，流播人间，一时有女才子之目。所为书词，如"秋风愁煞人，秋雨愁煞人"等句，摇笔即来，秋父屡以衰飒为诫，庸讵知竟为诗谶。

(陶在东：《秋瑾遗闻》)

秋瑾轶事

卷八

秋瑾诗词

鉴湖女侠秋瑾女士殁后，有诗词若干首，各为一卷，余杭章炳麟太炎、香山苏子谷曼殊序之，其旧友王芷馥女士为之助资刊于日本。太炎谓其德合于乾元，引《吴越春秋》袁公越女事，谓女士变故易常，比之刺客，又谓其诗婉瘱，若不称其情性。今细核之，东渡以后作，稍稍逊色，放荡不羁，既不能如白石之崛强，复不克媲稼轩之豪放，列之作者，无可附丽，只可成其为秋瑾之诗词而已。若其初作，自当瓣香之。如《赤壁怀古》云："潼潼水势向江东，此地曾闻用火攻。怪道侬来凭吊日，岸花焦灼尚余红。"《踏青记事》云："女邻寄到踏青书，来日晴明定不虚。妆物隔宵齐打点，风头鞋子绣罗襦。曲径珊珊芳草茸，相携同过小桥东。一湾流水无情甚，不送愁情送落红。"《秋日感别》云："已是秋来无限愁，那禁秋里送离舟。欲将满眼汪洋泪,并入湘江一处流。"《秋雨》云:"西窗剪烛话巴池,云黑应催工部诗。恨入高楼人别后,寒侵斗帐梦回时。菊花雾重秋容淡,桐叶声残夜漏迟。最是淋铃闻不得,谢娘减尽旧腰肢。"《送别》云:"杨柳枝头飞絮稠,那堪分袂此高楼。阑干十二云如叠,程路三千水自流。未免有情烟树黯,相留无计落花愁。送君南浦销魂处,一夜东风促客舟。"《秋菊》云:"篱下墙边处处栽,千枝喜向谢庭开。冷吟秋色寻新句,醉酹寒香拨旧醅。帘卷西风人比瘦,时迎北雁客初来。曾闻解组陶彭泽,囿露庭霜手自培。"佳句如《重过女伴芷香居》云:"人何曾在帘犹挂,花正开时草尚深。"《梧叶》云:"十分惆怅灯无语,一味相思梦亦叹。"《寄柬珵妹》云:"闺内惟余灯作伴,阑前幸有月知心。数声落叶鸣空阶,一点无聊托素琴。"《秋日独坐》云:"室因地僻知音少,人到无聊感慨多。半壁绿苔蛩语响,一庭黄叶雨声和。"《送别》云:"浦溆灯将烬,窗前泪未干。"《轮船纪事》云:"舟疑飞鸟度,山似毒龙蟠。"又"银涛疑壁立,青海逼人寒。"似此等句,迥非凡响矣。

秋女士长短句颇有梦窗遗音,惜其后作稍入魔道。《菩萨蛮·寒食》云:"花朝过了逢寒食,闹人最是春时节。窗外草如烟,日长懒卷帘。绛桃临水照,翠竹迎风笑。莺燕不知愁,相飞傍小楼。"《清平乐·花朝》云:"花朝序届,风雨多勾碍。莺儿窗外啼,无奈误了踏青挑菜。遮莫今岁春迟,风雨相阻良宜。且待桃花放候,清明时节堪期。"《临江仙·中元》云:"秋风容易中元节,霜砧捣碎乡心,螿声凄楚不堪闻。空阶梧叶落,销尽去年魂。何事眉峰频锁翠,愁浓鹊尾慵熏,阑干遍倚悄无人。多情惟有景,和月伴黄昏。"《菩萨蛮·寄女伴》云:"可怜一片帘前月,不照欢娱照离别。云树思悠悠,无情湘水流。一山相隔远,欲见何由见。含笔费思量,愁和更漏长。""寒风料峭侵窗户,垂帘懒向回廊步。月色入高楼,相思两处愁。聊将心上事,托付浣花纸。若遇早梅开,一枝应寄来。"以上数阕并俊新脱尘,可诵也。

(柴萼:《梵天庐丛录》)

三个时期

予尝谓先大姊(秋瑾)之诗,约略论之,可分为三个时期。如《咏燕》云:"谢王不是无茅屋,偏处卢家玳瑁梁。"此诗之成,当在嫁期前后,深闺守礼,婉呢柔嘉,匹配豪门,齐大非偶,故词致凄婉,不忍卒读。答季芝姊诗云:"已拼此身填恨海,愁城何日破重围?"则已如骨鲠在喉,倾吐为快。环境如此,遂有"漆室空怀忧国恨,难将巾帼易兜鍪"之想。此为深闺时期。及陶然饯别,远走东瀛,《应日本服部夫人属作(日本)海军凯歌》:"几欲起舞乘风去,拍手樽前唱凯歌。"《日人石井君索和即用原韵》:"漫云女子不英雄,万里乘风独向东。"则已侠骨豪情,不甘雌(伏),旧时思想,幡然一变。此为东渡时期。自入同盟会以至归国,许身革命,生死以之,凡所吐属,皆有种族之痛。如柬某君嘱作某报文字云:"飘泊天涯无限感,有生如此复何欢。"又:"牧马久惊侵禹域,蛰龙无术起风雷。"《感愤》云:"抟沙有愿兴亡楚,博浪无椎击暴秦。"尽情言之,更不作吞吐语,则已入于革命时期。异时有为先大姊辑全集者,容以斯意质之,不审有当否?

(秋宗章:《六六私乘补遗》)

名句偶同

鉴湖秋女士被害时,曾有"秋雨秋风愁煞人"之句,悲愤之意,溢于言表。一时脍炙人口,咸比之为满城风雨云。余读陶澹人先生《沧江红雨楼诗集》中《秋暮遣怀》诗亦有此句,录其全篇云:"……"(略,见前)。按:澹人先生系清乾隆时人,隐居桃源后,为吾娄耆宿,与女士相距百余年,其词句巧合若是,抑亦奇矣!

(瘦蝶:《澄庐笔记》)

言为心声

言为心声,故虽无俾实用,而可以觇人志趣。张元《咏雪》诗云:"战罢玉龙三百万,败鳞残甲满天飞。"元世祖《咏菊》诗云:"勇于西风战一场,满身穿就黄金甲。"秋竞雄女士《喜雨》诗云:"渊龙酣睡谁驱起?飞向青天作怒波!"此女豪杰作也。世有深知此中三昧者,尚不河汉斯言。

(佚名:《默庵诗话》)

弱质清才

清光绪壬寅，秋瑾初至京师，寓南横街园通观斜对一小宅，终日蛰居，非其亲，见之则敛避。后徙南半截胡同，与吴芝瑛女士结邻，始阅新闻纸。当寓南横街时，尝以煮磋笺，索陈梅生太史书直条，媵以一绝，云："殷雷久耳右军名，问字无由列讲庭。愿乞一联辉素壁，闺中曾读养鹅经。"弱质清才，不图其竟能为国流血也。

（天任：《潜园胜录》）

最为悲壮

女流中能诗者多矣，然大率皆吟风花雪月之作，无能自拔于脂粉外者，亦其性使然也。惟最近鉴湖女侠之诗为最悲壮，足为巾帼洗羞。余杭章氏序其遗稿，谓其"刚健中正，合乎干元"，诚非怪说。兹录其《感怀》云："莽莽神州叹陆沉，救时无计愧偷生。搏沙有意兴亡楚，博浪无椎击暴秦。国破方知人种贱，义高不碍客囊贫。经营恨未酬同志，把剑悲歌涕泪横。"《申江题壁》云："一轮航海又南归，小住吴淞愿竟违。马足车尘知己少，繁弦急管正声稀；几曾涕泪伤时局？但逐豪华斗舞衣；满眼俗氛忧未已，江河日下世情非。"呜呼，苌弘死之茸，其血化碧。若不使女侠快心于光复以后，而使女侠授首于光复以前，只留此零音剩稿，浸润于词人之口，而功业不及身竟也。

不尤可哀哉。然使居今日，罪丧尚同之世，则事如何！

（钝安：《钝庵胜录》）

偶事韵语

山阴秋瑾偶事韵语，亦有佳者，尝有句云："诗思一帆海空阔，梦魂三岛月玲珑"，置之玉楷集中当莫能辩。时一吟玩，恍如神游蓬瀛之岛间也。秋，生无足敬，而死实可怜。遇难之后，余曾有绝句吊之云："断头台上雨风秋，不斩权臣斩女流。欲叩九重天帝醉，乘槎且泛海东头。"

（经生：《秋爽斋诗话》）

跌宕纵横

鉴湖女侠秋瑾诗词集据余所知者有三，一为陈去病所辑，一为湖南追悼会时所辑，一即章太炎先生所辑，题曰《秋瑾诗词》者也。此集诗词共百余首，有太炎先生及曼殊大师两序，是女侠遗集之较为完备者。昨阅《自由谈》，见陈诵洛、张寄涯两先生所为文，知女侠诗流落人间者尚多，世固有爱好之，珍藏之，至于今，如吾辈者也。

往年余著清代妇女文学史，每见女子所作，曼丽多小诗，后复得见女侠诗，大喜，其所作跌宕纵横，有不可一世之概，绝无半点脂粉气。女侠一枝生花笔，固已异乎寻常矣。如《申江题壁》云："又是三千里外程，故乡回首倍关情。高堂有母发垂白，同调无人眼不青。懊恼襟怀偏泥酒，支离情绪怕闻莺。疏枝和月都消瘦，一枕凄凉梦不成！"

女侠平居喜看小说，所读近数百种，尤爱《芝龛记》，其革命思想受此书影响甚大。尝有诗题其后云："古今争存女状元，红颜谁说不封侯。马家妇共沈家女，曾有威名振九州。"此诗亦磊落有英气，称其情性矣。女侠诗女性中心之信念相强，如"莫重男儿轻女儿，平台诗句赐娥眉"，有"谪来尘世耻为男，翠鬓荷戈上将坛"，寄涯先生谓女侠生平喜男装，观所作诗，可以知其趣矣。

（乙真：《秋女侠遗诗》）

百读不忘

王翁又言，女士（秋瑾）生前著述颇富，近人辑秋瑾佚诗，以当非全豹，其《登吴山》一绝，为余百读不忘者，亦失收，则其它可知，诗为："老树扶疏夕照红，石台高耸近天风。茫茫灏气连江海，一半青山是越中。"

爱翁当时与女士过从深密，故知之独详。追皖案事发，恐波及，遂深隐吼山烟霞洞，迄今犹与外人间隔。余由诗人谢鹏先生绍介得面。附此并以志焉。

（施淑范：《秋女烈士瑾之轶闻轶诗》）

附 录

秋瑾轶事

秋瑾年谱简编

陈象恭编

一八七五年（清光绪元年 乙亥）生

十一月 八日（农历十月十一日），秋瑾生于福建省厦门。初名闺瑾，小字玉姑，又字璿卿，号旦吾，东渡后别号竞雄，自称鉴湖女侠，笔名秋千、汉侠女儿。

原籍浙江山阴（今绍兴县）人，世居于县西南距城二十里之福全山（又名覆船山，今绍兴县五星乡），公元一八九一年迁到绍兴南门塔山麓和畅堂路北定居。

祖父名嘉禾，号露轩，同治壬戌（公元一八六二年）补行辛酉（公元一八六一年）恩科举人，官福建补用知府，历署云霄厅同知，厦门海防厅同知。是年四十四岁。

祖母俞氏，山阴人。

父亲名寿南，字益三，号星侯，同治癸酉（公元一八七三年）科举人，官湖南郴州直隶州知州，署桂阳州直隶州知州。

生母单氏，浙江萧山人，长于文学，均随侍在任所。庶母孙氏。

一八七八年（清光绪四年 戊寅）三岁

四月 三日（农历三月初一日），妹秋珵生。（据秋珵的女儿王慰慈口述）

一八八四年（清光绪十年 甲申）九岁

七月 法国侵略者的军舰两艘，闯入福建闽江口。

八月 四日，进犯台湾基隆骚扰，屠杀中国人民。二十四日，进攻马尾，中法正式宣战。秋瑾对外国侵略者非常憎恨，她曾对母亲说："红毛人这样厉害，这样下去，中国人要成为他们的奴隶了！"（见秋高：《秋瑾轶事》）

这年，秋瑾的家庭由福建迁回到绍兴原籍。据秋宗章追忆："数岁后返越，随兄就外傅，先妣单太淑人亦识字知书，督课綦严；稍长，辍学习女红。"（见秋宗章：《关于秋瑾与六月霜》）

是年 秋瑾正式进书房学习。

一八八五年（清光绪十一年 乙酉）十岁

秋瑾的父亲益三时往台湾就任抚院文案。

一八八八年（清光绪十四年　戊子）十三岁

是年　秋瑾已能作诗，她读了《四书》、《五经》和许多历史著作。在她写给侄儿秋壬林的信中说："但凡爱国之心，人不可不有；若不知本国文字、历史，即不能生爱国心也。"（见《秋瑾集》页四十四）

秋瑾爱读小说《芝龛记》，对秦良玉、沈云英备极推崇。对西汉初年的著名游侠朱家、郭解尤其羡慕。她在《满江红》一词中说："良玉勋名襟上泪，云英事业心头血。"（见《秋瑾集》页一〇六）

十二月　康有为第一次上光绪皇帝书，请及时变法。

一八九〇年（清光绪十六年　庚寅）十五岁

是年　秋瑾的父亲益三从台湾调到湖南常德厘金局任总办。

一八九一年（清光绪十七年　辛卯）十六岁

秋瑾的祖父秋嘉禾于一八九〇年（清光绪十六年）十月二十五日任厦门海防厅同知，至次年（公元一八九一年）三月初二日，其职改由黄树珍接替，（见《鼓浪屿志采访录》）嘉禾于是年初夏，携眷离闽，回返绍兴故里，在塔山麓租了一所和畅堂房屋定居。

夏　随母到萧山临浦河上店单家小住，向舅父和表兄弟学习骑马击剑，跳高跳远，锻炼身体。

一八九二年（清光绪十八年　壬辰）十七岁

是年　秋瑾和她的哥哥秋誉章随母由浙江前往湖南，与父亲益三合居一处。

一八九五年（清光绪二十一年　乙未）二十岁

秋瑾的父亲益三，自签发湖南后，初在常德县当厘金局总办，后调湘潭，补郴州直隶知州。

是年　秋瑾由父母之命，凭媒人的说合，许婚于湘潭王廷钧。王廷钧的父亲是湘潭富户，是曾国藩家中的管账人，廷钧是他的幼子，小秋瑾两岁。

二月　孙中山、杨衢云等人组织兴中会香港总会。

四月　清政府与日本签订丧权辱国的《马关条约》，割让台湾。秋瑾的叔祖秋日瑾，时任台湾淡水同知，日寇占领台湾时，日瑾领导台民，奋起抵抗，壮烈牺牲。

五月　康有为联合十八省举人一千三百余人，上书请拒和、迁都、变法；是为有名的"公车上书"。

秋　秋瑾的祖父秋嘉禾病殁于绍兴，父益三返里奔丧，数月后复返湖南。

一八九六年（清光绪二十二年　丙申）二十一岁

五月　十三日（农历四月初五日），秋瑾由父母之命与湘潭王廷钧结婚。

秋瑾夫妻间感情不好，经常吵架。在北京寄寓时，有一次秋瑾竟冲出王家的大门，出居泰顺栈，（见《致秋誉章书》之三）以示反抗，结果还是没有跳出封建的樊笼。

十月　十六日（农历九月初十日），幼弟宗章生。是月，孙中山在伦敦被清政府驻英使馆诱捕，事为英国政府所闻，强使释出。二十四日，恢复自由。

一八九七年（清光绪二十三年　丁酉）二十二岁

六月　二十七日（农历五月二十八日），子沅德（元德）生，名元深，字仲瀛，号父潭，亦号重民。

一九〇一年（清光绪二十七年　辛丑）二十六岁

十月　七日（农历八月二十五日），生女桂芬，字灿芝。

十一月　二十六日（农历十月十六日），秋瑾的父亲秋寿南卒于湖南桂阳知州任上。全眷旋即来寓湘潭。

秋瑾的兄弟们扶柩至湘潭，择地安厝，并在湘租屋作寓公。

秋瑾的母亲在湘潭城内十三总街道开设了和济钱庄，以维持生计。

一九〇二年（清光绪二十八年　壬寅）二十七岁

二月　梁启超创刊《新民丛报》于日本。蔡元培等发起成立中国教育会于上海。

是年　秋家在湖南湘潭所设的和济钱庄,因为所托非人,为经理陈玉萱任意侵吞,钱庄倒闭,秋家的经济陷于破产。

是年　秋瑾携子沅德随其夫王廷钧去北京。王廷钧捐官任户部主事。

十一月　上海中国教育会组织爱国学社。

一九〇三年（清光绪二十九年　癸卯）二十八岁

二月（**农历正月**）　秋瑾与吴芝瑛正式立誓结成"贵贱不渝,始终如一"的盟姊妹。秋瑾有《赠盟姊吴芝瑛》诗："曾因同调访天涯,知己相逢乐自偕。"本月,浙江留日学生创刊《浙江潮》杂志于日本。

五月　邹容所著《革命军》出版。

六月（**农历五月**）　秋瑾的母亲、大哥秋誉章和弟妹们由湖南湘潭迁回浙江绍兴原籍。秋瑾曾从北京南下回绍兴母家,当年仍返北京。她路过上海时,写了一首《重上京华申江题壁》诗,有"高堂有母发垂白,同调无人眼不青"句。

八月　孙中山在日本设立秘密军事学校。

是年　秋瑾曾到号称"燕京八景"之一的黄金台游览,写了《黄金台怀古》的七言绝句："蓟州城筑黄金台,招士以财亦可哀；多少贤才成底事,黄金便可广招徕。"讽刺当时卖官鬻爵、贪污腐化的社会风尚。

是年　作《宝刀歌》和《宝剑歌》。

一九〇四年（清光绪三十年　甲辰）二十九岁

二月（农历元月）　与好友吴芝瑛签订兰谱，结为如胞姊妹。本月，日俄战争爆发。

三月　秋瑾为筹备旅日川资，便将所剩陪嫁的首饰，托同乡陶大钧的日本妻子荻子去变卖。当她知宁河王照因戊戌变法牵连入狱，需要巨款得以获释，即将变卖首饰所得旅费的大部分赠与素未相识的维新派青年王照，作为运动释放之费用，但并未告其姓名。

四月　日本东西女子学校附设中国女子留学生速成师范学堂，并订章程二十三条。

五月　上海会审公廨改判章炳麟监禁三年，邹容两年。本月，秋瑾东渡至日本留学。从上海趁轮船出国，日本友人服部繁子有事回国，与秋瑾同行。

夏　秋瑾到达日本东京后，初入中国留学生会馆所办之日语补习所，补习日语，她就住在骏河谷（徐双韵文中作"骏河台"）留学生会馆。

秋瑾与留日女学生陈撷芬等十人重组共爱会，改名实行共爱会，自任会长（一说会长是陈撷芬，秋瑾任招待。）

秋瑾致湖南第一女学堂的公函中阐明了共爱会的宗旨是：爱国、自立、学艺、合群，是为了"欲结二万万女子之团体学问"。

七月　刘静庵等于湖北武昌组织科学补习所。

九月（农历八月）　秋瑾在日组织演说会，发行《白话报》。二十四日（农历八月十五日），《白话报》创刊，秋瑾发表发刊词：《演说的好处》，并附《演说练习会简章》。

十月　二十四日（农历九月十五日），出版第二期，秋瑾发表《敬告中国二万万女同胞》一文。

十一月　二十一日（农历十月十五日），出版第三期，秋瑾发表《警告我同胞》一文（未完）。

十二月　二十一日（农历十一月十五日），出版第四期，秋瑾继续发表《警告我同胞》一文。

《白话报》除在日本出版发行外，在中国上海望平街中国时报馆隔壁的《小说林》社设立了国内的总经售处。目前在各图书馆看到的有第一期至第三期。秋瑾以"鉴湖女侠秋瑾"的署名在一至四期上发表文章。杂志的内容充满激烈的反满情绪。

十月　黄兴等谋于湖南起义，事泄失败。

冬　蔡元培等在上海成立光复会。

冬　由亲戚陈静斋的关系，认识当时在浙江奔走革命的活动家陶成章于日本。

这年她开始写长篇弹词小说《精卫石》，第一回开头有四句唱词："爱国情深意欲痴，偶从灯下谱弹词；已教时局如斯急，无奈同胞不知。"原稿共六回四册，现存三册。这是一部以争取男女平等倡导妇女独立自由为主题的小说。

是年　万福华刺王之春案在上海发生，黄克强、张继等十一人被捕，中外震动，设法善后。秋瑾在日闻之，捐款营救。章士钊在《书甲辰三暗杀案》一文中说："本案爆发，革命阵营之中外同志，交相震动，尽可能设法善后，秋瑾即为此中捐款出力最显著之一人。"

一九〇五年（清光绪三十一年 乙巳）三十岁

一月 秋瑾回国一行，返浙江绍兴省亲，兼以筹措学费，并携归被夫遗弃的蔡姓妇人。

瑾归国，道出申浦，访芝瑛于小万柳堂，出新得倭刀示曰：吾以弱女子，只身走万里，往返者数，搭三等舱，与苦力杂处，长途触暑，一病几殆，赖以自卫者，惟此刀耳。芝瑛曰：关吏得毋疑妹为女革命党乎？瑾笑曰：固知吾非革命党与！酒酣耳热，拔刀起舞，唱日本歌；芝瑛命女以风琴和之。知瑾有光复志，虑事泄贾祸，屡示珍重，瑾颔别。"（见陈谧：《吴芝瑛传》）

四月 邹容死于上海狱中。

五月 清政府军机处命查禁《浙江潮》、《新民丛报》等书刊。

六月 秋瑾会见蔡元培于上海。回绍兴后又访问了当时在东浦热诚小学主持教务的徐锡麟，并由徐锡麟介绍加入光复会。

七月 十五日（农历六月十三日），暑假后，秋瑾再东渡日本，便卧病多日。时秋瑾已在日语讲习所结业，转入东京青山实践女校附设的清国女子速成师范专修科的师范班学习教育及工艺等科。

九月 清政府派载泽、戴鸿慈、徐世昌、端方、绍英，分赴东西洋各国，考察宪政。旋即改期缓行。二十四日，吴樾炸五大臣于北京正阳门车站，未中，樾不幸壮烈牺牲。本月，日俄战争结束，签订朴茨茅斯条约。

徐锡麟手创之大通学堂开学。

十一月 日本公布留学生取缔规则。清政府驻日公使杨枢，为了破坏留日学生爱国行动，勾结日本文部省公布《清国留学生取缔规则》。八千留日学生大愤，在浙江同乡会集会，讨论对付办法。时学生中分为两派：一派主张立即退学回国，另在上海办学，以洗日本政府取缔留学生之耻辱；另一派主张宜忍辱负重，继续求学，俟学成后归国。双方展开激辩，秋瑾与陈天华、田桐等主张立即回国。本月，《民报》创刊于东京。

年底　秋瑾离日归国，决计献身于革命事业。她回国后致王时泽信中表示："吾归国后，亦当尽力筹划，以期光复旧物，与君相见于中原。成败虽未可知，然苟留此未死之余生，则吾志不敢一日息也。吾自庚子以来，已置吾生命于不顾，即不获成功而死，亦吾所不悔也。且光复之事，不可一日缓，而男子之死于谋光复者，则自唐才常以后，若沈荩、史坚如、吴越（樾）诸君子，不乏其人，而女子则无闻焉，亦吾女界之羞也。"

十二月　湖南陈天华在日本东京大森海湾投海自杀，并留下绝命书一封，劝告留日同学，坚持爱国，奋斗到底。秋瑾后来以白萍的笔名，在《中国女报》第一期《文艺栏》内，发表两首七律，吊念陈天华。

是年　秋瑾在日本结识何香凝。

一九〇六年（清光绪三十二年　丙午）三十一岁

二月　秋瑾从日本回国返绍兴，在明道女学代了几天体育课。本月，南昌知县江召棠被法教士行凶致死，群众毁教堂，毙教士，是为南昌教案。是月，章炳麟出狱，旋赴日本东京，担任《民报》编辑。

是年春　秋瑾等在绍兴建议设立学务公所,以促进绍属八县之教育事业,推蔡元培出任学务公所总理。(见蒋维乔:《中国教育会之回忆》)

三月(农历二月)　秋瑾得褚辅成之荐,至吴兴南浔女校任日文、生理教员,翻译《看护学教程》。并向该校师生宣传男女平等,学好生产技术,取得谋生的本领。

褚辅成(一八七三——一九四八年)字慧僧,浙江嘉兴人;曾任浙江军政府民政司司长,国会议员,浙江省自治法会议主席。著有《浙江辛亥革命纪实》。

识石门徐自华(寄尘)及其妹蕴华姊妹,时自华任南浔女校校长。两人"一见各自倾倒,徒恨相见之晚"。

夏　秋瑾因南浔女校校董金子羽思想比较顽固,对秋瑾所作所为,散布了流言蜚语,因此她离开南浔去上海,筹办中国公学,准备发刊《中国女报》。秋瑾手拟《中国女报》之草章及意旨广告,先在《中外日报》刊登,提出办报宗旨,希望热心人士,慷慨解囊。

六月(农历五月)　秋瑾在上海会见孙中山,并代熊克武等筹措款项一千元转交于孙。

秋瑾在上海办《中国女报》期间,继续撰写长编弹词《精卫石》。她爱好苏州弹词,常至上海南市城隍庙的"豫园书会"听书并求教评弹艺人,书中主人黄鞠瑞(后改黄汉雄)就是秋瑾自己的化名,可惜此书没有完稿。

九月(农历八月)　秋瑾赁屋于上海虹口厚德里(徐双韵误作祥庆里),作为革命活动机关,与尹锐志、陈伯平(墨峰)、姚勇忱等组织锐进学社,联络各省同志。因制造炸药,失慎爆裂，秋瑾伤手，陈伯平伤目，机关被封闭，秋瑾暂回浙江绍兴隐避。是月，清政府调端方为两江总督兼南洋大臣。本月，秋瑾又回到上海，仍赁屋于北四川路厚德里。便道与徐自华同游杭州西湖。

九月　二十九日（农历八月十二日），徐自华的父亲病故，秋瑾到浙江石门吊唁，临行时自华以《金缕曲》相赠。秋瑾原拟赴扬州游览，未果，仍留在上海。

冬　秋瑾到杭州，在新军界中发展光复会会员，许耀、夏超、虞霆、黄凤之、张敬忱、吕公望、朱瑞、叶颂清、周凤岐、俞炜等均被吸收为会员。青年会员呼瑾为"秋先生"。

十二月　秋瑾在杭州，与吕公望同至白云庵与徐锡麟话别，时徐即将前往安庆就职。同月，湖南党人至上海与秋瑾联系，准备在萍乡、浏阳等地起义，希望她在浙江响应，并负责浙江方面军事。秋瑾到金华、兰溪等地，运动秘密会党；这是她与会党最初的接触。后因萍、浏起义失败，浙江也暂告中止。

当时浙江各地主要会党有以蒋乐山为首的龙华会（总部在金华），以王金宝等为首的双龙会（总部在处州），以竺绍康为首的平阳党（总部在嵊县），以敖嘉熊为首的祖宗教（总部在浙江北部），都是民间一股的反清势力。

十二月　二十九日（农历十一月十四日），母单太淑人病卒，年六十二，秋瑾由沪回绍兴治丧。本月，母死卅殓后，秋瑾女装男扮，去杭州进行革命活动，住在过军桥南面路西荣庆堂客栈，准备同武备学堂和弁目学堂新军中的革命党人联系，也想适当吸收同盟会和光复会会员。三十一日（农历十一月十六日），刘道一在长沙就义，卒年三十二。

一九〇七年（清光绪三十三年　丁未）三十二岁

一月（农历光绪三十二年十二月）　秋瑾在上海创刊《中国女报》，原定每月出版一期，后因集资困难，出两期停刊。

二月（农历正月下旬）　秋瑾再至诸暨、义乌、金华等地，运动秘密会党。本月，偕徐自华至杭州，登凤凰山吊南宋故宫遗址，鸟瞰西湖全景，密侦城厢内外出入径道，绘为军用地图，以备起义时应用。随后下山至岳坟，吊南宋抗金民族英雄岳飞，徘徊瞻顾，不忍离去。

经陶成章介绍，秋瑾开始与会党联络。

二月　许雪秋等受同盟会命，发动二次攻潮，遇雨受挫。

三月　广西钦州三那群众抗捐起义，刘恩裕组织万人会以抗清军，旋即失败，刘亦牺牲。

春间　秋瑾回到绍兴，与徐锡麟等同办明道女子学堂；不久，又主持大通学堂体育专修科，培养军事人材。秋瑾常穿男子服装，骑着马，带领学生到野外打靶，练习射击技术。

三月　初旬，秋瑾再至诸暨、义乌、东阳、永康、缙云等地，函召各会党首领，入绍计事；并嘱至体育会学习兵操，以为准备；前后来者百余人。

秋瑾著《精卫石》曲牌脱稿，初寄日本王时泽，拟在东京出版，但未及付印，又索回修改，成为弹词。

春　秋瑾为了筹饷购械，曾回到湖南湘潭王家筹款，并视其所生子女，数日后即行返浙。

四月　秋瑾亲手拟订光复军制，与徐锡麟、竺绍康、王金发、马宗汉等开会商讨通过。

五月　余继成发动潮州、黄冈之役失败。

六月（农历五月初）　绍兴党人裘文高召台州义军由东阳至嵊县，扎营西乡廿八都村，树革命军旗帜，随与清军交战，杀死清军哨官数人和士兵数十人。是月，秋瑾在绍兴部署定当后，即赴上海与徐锡麟等约会。又至石门徐自华家筹款，"徐即悉倾其奁所有畀之"。秋瑾脱臂上双翠环赠徐，留为后日纪念。是月，邓子瑜结合会党，起义于惠州七女湖，战败。

七月　一日（农历五月二十一日），武义党案发，刘耀勋、聂李唐死难。

徐双韵说："秋瑾回绍兴，转金华、武义，发布五月二十八日起义命令，通知巡风聂李唐作准备。聂在无意中泄漏机密，传至武义县城，知县钱宝镕急报浙江巡抚求援，就派兵在聂家搜出会党名册，牵连大通学堂。金华、兰溪的会党也遭波及，革命计划完全泄露了。"

七月　三、四日（农历五月二十三、二十四日），金华党案发，徐顺达、倪金等死难。永康党案发，吕阿荣死难。六日（农历五月二十六日），徐锡麟在安庆刺杀安徽巡抚恩铭，旋即被捕遇害。陈伯平死难，马宗汉被捕。十日（农历六月初一日），秋瑾《致徐小淑绝命词》。本月，浙江起义的计划，因安庆起义失败而泄露。绍兴府学务处总办胡道南（按：此人与秋瑾同时留学日本，因为他的思想十分落后，被秋瑾当面斥之为死人者），向绍兴知府告密说："大通体育会女教员革命党秋瑾及吕凤樵、竺绍康等，谋于六月初十日起事。竺号酌仙，平阳党首领，羽党万人，近已往嵊县纠约来郡，请预防"等语。（见《浙案纪略》）贵福得讯后，立即向省方报告。浙江巡抚张曾遂于七月十三日（**农历六月初四日**）派第一标标统李益智率常备军二队，计三百人，会同营县包围大通学堂，逮捕秋瑾，拘于卧龙山女狱内，至七月十五日（**农历六月初六日**）晨就义。

八月　二十四日（**农历七月十六日**），马宗汉死难于安庆。

九月　王和顺等起义于钦州王光山，旋败退十万大山。

十月　蒋箓飞联合高达、高逵大败清军于浙江东阳。同月，许雪秋等发动惠州、汕尾之役，因待军火接济未成。

十一月　裘文高入攻嵊县，俘杀清将刘庆林，军声大震；旋由嵊县退军至东阳，入仙居而散。

十二月　孙中山、黄兴等亲自督战，攻占镇南关，旋败退越南。

秋瑾轶事

外一种

徐锡麟轶事

卷 一

家 世

烈士字伯荪，山阴人，家住西郭门外之东浦村，村离郭城十里，小有市集，居民多酿酒为生，徐氏为村中大族。烈士之父凤鸣，字梅生，为学子生员，於郡城水澄桥独资开设天生绸庄。

（萧岳：《徐锡麟轶事》）

心雄万夫

烈士身材短小精悍，广颡高颧颔以下微削，貌不惊神而心雄万夫。

（萧岳：《徐锡麟轶事》）

器过手辄毁

徐锡麟字伯荪，浙江山阴人也。幼挢虔，器过手辄毁，父憎之。

（章太炎《徐锡麟传》）

欲为沙门

一

年十三，（徐锡麟）挺走钱塘为沙门，不合归。

（章太炎《徐锡麟传》）

二

年十二，挺走钱塘为沙门，家人踪迹，得之以归。

（陶成章:《浙案纪略》）

刻苦攻读

学《二十四史》,《九通》，皆有摘本。

（徐仲荪《明文偶钞跋》）

试辄冠其曹

君讳锡麟,字伯荪,会稽东浦人也。少读书,通大义,然恒失父爱,乃益自刻厉,试辄冠其曹。郡邑吏多之,争欲一出其门下为荣。

(陈去病:《徐烈士传》)

有项王风

锡麟卓鸷越劲,盖有项王风,其猝起不反顾者,非计短也。以寡遇大敌,固以必死倡耳。

(章太炎《徐锡麟传》)

自称伯圣

徐锡麟尝言:"康有为号长素,是要长于素王,大悖人类平等的原则。现在我与仲尼平等相待,所以自称伯圣。"

(王叔梅:《徐伯圣先生轶事》)

何为大人

(徐凤鸣)满怀信心地要徐锡麟走科举之路,从小由他自己亲自教育,未从塾师,又教他如何做官,怎样做官的道理,为儿子踏上仕途做准备"。徐凤鸣询问儿子:"什么叫做大人?"徐锡麟善于独立思考,回复:"大人,应当是为大家做事的人。"

(徐乃常:《家史考证》)

心无旁骛

徐锡麟从6岁开始,即在桐映书屋读书,徐凤鸣亲自担任启蒙教师。徐锡麟读书专心致志,心无旁骛。祖母易老太太心疼孙子,特地从房间里拿了几个苹果放在书桌上,但是,过了很长时间,苹果仍然摆放桌上,徐锡麟根本就没有发现祖母送来的苹果。

(谢一彪:《徐锡麟评传》)

流连忘返

东浦来了一群跳活无常的人,路过徐家门口,全家的大人和孩子都被震耳欲聋的声音吸引过去,但徐锡麟却不为所动,依然在知识的海洋里遨游,流连忘返。

(谢一彪:《徐锡麟评传》)

博闻强记

徐锡麟博闻强记，能够背诵《千字文》和《三字经》。十四五岁就已通读《四书》和《五经》，也能做很好的八股文，写一手漂亮的毛笔字。徐锡麟为了考取功名，曾努力揣摩八股文，抄录数十册八股范文。

（谢一彪：《徐锡麟评传》）

打毒蛇

先祖（徐锡麟）自幼脾气倔强，性格开朗豪爽，不拘泥于"四书"、"五经"。不愿受封建礼教的束缚，酷爱科学，爱好天文地理和数学，更重武术，学习兴趣广泛，同情劳苦群众的疾苦；爱与邻居农民孩子为友，共同游戏，见到毒蛇就打。因此常受曾祖父徐梅生的训斥，骂他不学正道，尤其对打蛇之类，认为会冲犯"青龙"、"五圣菩萨"要遭厄运。"

（徐乃英：《怀念先祖父徐锡麟》）

少有大志

（徐锡麟）少有大志，负奇气，自更世变，见政治倾陂，积习太深，不可扫除，故其民族思想日益怦动，其父梅生尝切戒之，而锡麟不稍悛也。

（毕志社编：《中国革命党大首领徐锡麟》）

帮助割稻

孙家溇附近有个小村叫赏祊，他常和小友们去那里帮助农民割稻、插秧。一次，因帮助农忙，直到深夜才回家，见家门已关，他连门也不去敲一下，又跑回赏祊，在一家农民家里睡觉，第二天一早又去割稻了。

（徐乃英：《怀念先祖父徐锡麟》）

空船回家

徐锡麟了解农民的疾苦，同情农民的遭遇。徐家有百亩田地出租佃农家里，看到佃农衣不蔽体，食不果腹，于心不忍。他所到之处，开口便说："今朝是我祖母生日，租谷不用付了，给你们买寿面吃！"他去了半天，却摇着空船回家。

（谢一彪：《徐锡麟评传》）

善长舆算

一

（徐锡麟）读书喜算术，尤明天官，中夜辄骑危视列宿，所绘天象甚众。又自为浑天仪径三尺及所造绍兴地势图，然未尝从师受也。

（章太炎《徐锡麟传》）

二

（徐锡麟）精研算数，制星球仪及舆地图等，见者感叹勿及。

（陈去病：《徐烈士传》）

三

幼劬于学，博览群书，精于算术，尤长于步天测地之学。间尝夜观天文，手著浑天球，占缀列星于其上，以供同志等对于天文学之研究。

（童杭时：《徐先烈伯荪先生事略》）

四

入家塾第六年，学经史而外，天算与支地之学，皆造诣深邃。

（徐仲荪：《明文偶钞跋》）

浑天仪

当家人在天井里纳凉的时候,他(徐锡麟)一个人却在楼上房间里观察天象,把星星的位置记录下来,根据学到的知识和观察到的星象,做了一个十分精致的浑天仪,这东西较大,无法从楼梯上拿下来,他便把两扇窗子拆掉,从窗口吊下来,把它放在客厅里。

(徐学圣、徐佩农:《伯父徐锡麟轶事》)

喜欢健身

(徐锡麟)课余之暇去做一些活动,或在走廊里蹦蹦跳跳,或跳越凳子,或爬爬竹杆,或做做体操,使肌肉和神经得到松弛。此外,他还腿缠铜钱或沙包练习跑步,以增强腿力;又常手举哑铃,以锻炼臂力。有时,则去离家不远的赏祊田野边上跑,锻炼耐力。这在当时一般书香人家出身的子弟中,是罕见的。

(徐学圣:《徐锡麟与体育》)

看透因果

少时,治算学及天文学,廓然有感於因果之定律,宇宙之溥博而悠久，他日杀身成仁之决心，托始於是。

（蔡元培：《徐锡麟墓表》）

开辟未果

（徐锡麟）稍长，习农田事，闻昆山多旷土，欲往开冶不果。

（章太炎《徐锡麟传》）

生性爱人

锡麟虽阴鸷，然性爱人。在山阴，尝步上龙山，见一老妪方自经，遽抱持救之，问其故，曰："负人钱！"，即为代偿，得不死。

（章太炎《徐锡麟传》）

代付银钞

（徐锡麟）又常与成章赴武陵，日暮宿郭门外，闲步滩上，见一童投水，急拯之。问其故，知系某店学徒，道行遗失店主银钞，即护送至店，为代付银钞，如所失，嘱店主勿加虐其徒，不告姓名而去。

（陶成章：《浙案纪略》）

卷 二

教书于绍兴中学

一

年二十七,(徐锡麟)以经算教于绍兴中学,二岁转副监督。在校四年,弟子益亲如家人。

(章太炎《徐锡麟传》)

二

辛丑九月,徐锡麟见举为绍兴府学校算学讲师。知府熊起蟠敬重锡麟学问,招为门下,任之甚专,锡麟由是得发抒其才。

(陶成章:《浙案纪略》)

三

当时清政不纲,甲午之役,海军败绩,先生知非革命无以救中国之危亡。由是联络同志,创办绍兴府中学堂,招生投考,(童)杭时忝列前茅,承徐先生特器重焉。课余密谈革命,训练体操,晚则教学算术,尤注重于测量之学。

(童杭时:《徐先烈伯荪先生事略》)

以恢复为己任

一

(徐锡麟)继益从事教育,应绍兴府校之聘,尝至日本观察博览会,归益有志经世。以为宗邦之削弱,实源于祖国之陆沉,遂慨然以恢复为己任。

(陈去病:《徐烈士传》)

二

顷之,(徐锡麟)以观博览会赴日本,得同志数人,且购图书、刀剑以归。

(章太炎《徐锡麟传》)

热衷办学

科举未废以前,首先开办中西学堂於都城,继后创议,改龙山书院为绍兴府中学堂。光绪甲辰之秋,集学生会操,烈士奔走蹀蹀,足无停趾,自呼口令,声若洪钟,又於所居东浦村,创设热诚小学堂。

(萧岳:《徐锡麟轶事》)

注重测量之学

先生云:"吾侪将来行军,须先测明地点与途径,并测明我炮弹能及远若干,则对敌作战,百发百中,胜算可决。平时治地,莫善于测明其地之大小,熟察其地之肥瘠,与人情风俗,而敷政始能优优,故测量之学,甚重要焉。"

(童杭时:《徐先烈伯荪先生事略》)

建设学校

一

锡麟家东浦,东浦在县西十五里。为立蒙学,又规建越城公学,为憨者中伤数矣,卒不动。

(章太炎:《徐锡麟传》)

二

（热诚学堂）于一班之普通学科，均不甚研究，特注重于兵式体操。锡麟偕其友陈志军亲自督率以训练之。又从南京兵轮上雇一军乐家来，教学生以军乐，东浦乡人因之叠生谣诼。锡麟父凤鸣闻而恶之，然本学校系绅士公立，无术可以解散，且又以学生年纪尚小，故亦暂置之。

（陶成章：《浙案纪略》）

热诚学堂

热诚学堂内有一沙坑，内曾藏过一些枪枝，这些枪枝是徐锡麟独自一人驾小船秘密运来的。有些传记说他画俄人为靶，练习打靶一日几十次，达到百发百中的熟练程度，即在这个时候。当时他仰慕越王勾践、项梁这些起兵会稽的古代英雄，也想在此积蓄力量以观世变。各地爱国志士常在此聚会，深夜不散。

（徐学圣、徐佩农：《伯父徐锡麟轶事》）

愤恨外人侵略

（徐锡麟）尝置一短铳，行动与将。时露西亚人偪辽东，锡麟闻之恸哭，画露西亚人为的，自注弹丸射之。一日，辄试铳十数，反遭弹丸反射，直径汰肩上。颜色不变，试之愈勤。其后，持铳有不发，发即应指而倒。

（章太炎：《徐锡麟传》）

仰慕勾践、项梁

锡麟始慕勾践、项梁，欲保聚绍兴，且以观变。

（陶成章：《浙案纪略》）

拜访蔡元培

甲寅冬，以事过上海，寓于五马路周昌记，因至虹口爱国女学校访蔡元培。成章亦在焉。

（陶成章：《浙案纪略》）

加入光复会

时元培与皖、宁诸志士组织一秘密会，名曰光复，邀锡麟入会。从之。成章因尽以己所经营者告之锡麟。锡麟归绍兴，始以兵法部勒其子弟矣。

（陶成章：《浙案纪略》）

谋图光复

一

（徐锡麟）年三十，以事过上海，上海有浙江豪杰十余人，设盟约，谋光复，即走就之，始以兵法部勒子弟矣。

（章太炎：《徐锡麟传》）

运动秘密会党

及之上海，由蔡元培、元康昆弟之介绍，而与陶成章合。成章方以嘉兴敖嘉熊、龚国铨诸志士之倾助，而奔走金华、衢、严诸府，运动其秘密会党，有成议。两先生既成交，浙江诸会党有统一之机。於是相率至绍兴，谋以绍兴为根据地，施军事教育，为革命军预备。

（蔡元培：《徐锡麟墓表》）

草泽间皆知君名

适邑人某某旅上海，结合暗杀团，君（徐锡麟）缘某君之介绍，投身入会。归，乃运动绍属会党，尽交其酋豪。旁及金华诸府，由是草泽间往往知君名。

（陈去病：《徐烈士传》）

知中国之可为

一

明年（一九〇四年），（徐锡麟）与弟子循行诸暨、嵊、东阳、义乌四县。昼步行百里，夜止丛社间，几一月，多交其地奇才力士。归语人曰："涉历四县，得俊民数十，知中国可为也"。

（章太炎：《徐锡麟传》）

二

为绍兴中学堂教习，以尚武主义为学生倡，并以时涉历诸暨、嵊诸县，交其健者，以大义运动之。

（蔡元培：《徐锡麟墓表》）

三

明年（一九〇四年）正月，（徐锡麟）与弟子数人游行诸暨、嵊县、义乌、东阳四县，自东阳至缙云，尽行百里，夜止丛社，几及二月，多交其地奇才力士。归语人曰：'游历数县，得俊民数十，知中国可为也"。

（陶成章：《浙案纪略》）

到嵊县次数最多

（徐锡麟）到嵊县去的次数最多。他日行一二百里，艰苦备尝，路上曾遇强盗，他与和尚、道士也有联络，曾在平水的显圣寺过夜。奔走数月，很少休息，总是和衣而睡，甚至连鞋袜也不脱。

（徐学圣、徐佩农：《伯父徐锡麟轶事》）

抗击强盗

相传徐锡麟往平水山区联系革命志士时，曾以武术抗击强盗。一次徐锡麟走到中途，夜幕已降临，坐在凉亭休息。突然从凉亭旁闪出一个蒙面强盗，勒令徐锡麟交出钱财。徐锡麟胸有成竹，答应将钱交出，稳住蒙面强盗，并从袋中拿出钱包。蒙面强盗信以为真，迫不及待地伸手接钱。说时迟，那时快，徐锡麟一把捏住蒙面强盗的手腕，用力扭向他的后背，将其双手反剪。蒙面强盗拼命挣扎，将一只手挣脱，挥拳狠狠地朝徐锡麟打去。徐锡麟将身子一闪，蒙面强盗击中凉亭石柱，痛得无法抬手。徐锡麟趁势扫去一腿，将蒙面强盗打倒在地。蒙面强盗再无还手之力，苦苦哀求徐锡麟高抬贵手，放他一马。徐锡麟将他严厉训斥一顿后，放他一条生路。

（谢一彪：《徐锡麟评传》）

谋办团练

义和拳起于北方,锡麟在乡谋办团练,为人所尼中止。

(陶成章:《浙案纪略》)

卷 三

东渡日本

一

（徐锡麟）年三十三，与徐姚马宗汉等十三人诣日本，因通商局长石井菊次郎，求入联队，不许；欲入振武学校，以短视不及格。居数月，以事归国。

（章太炎《徐锡麟传》）

二

又得俞廉三之助，伪设奇策，以千张之洞、袁世凯，欲假官力东游，投身陆军学校，乃束装再渡日本，而日人以君（徐锡麟）体孱，禁勿与。然君固娴习武事者，双目虽短视，顾精于枪术，所发罔不中，皖事之成即肇端于此。

（陈去病：《徐烈士传》）

三

乃由许克丞出资，为先生及成章、鼎铨、陈子英分别捐道员若知府，相率赴日本，学陆军，定议毕业后捐请分发重要都会，揽其兵柄。无何，试验不及格，均不克入联队。

（蔡元培：《徐锡麟墓表》）

四

顷之，以观博览会赴日本大阪，乘便游东京，寓本乡龙岗町某旅馆。

（陶成章：《浙案纪略》）

负笈东瀛

其时负笈东瀛者，自费生不准入法政、入陆军，系鄂督张南皮所建议，清政府利用之，以遏制革命思潮，烈士知此制限，本已爽然，惟犹有自费生认作官费生得以入学之通融办法，及由东洋电恳伊戚俞廉三转电浙抚张，据情函商驻日钦使而事遂偕，其时俞卸湘抚职，适在鄂为寓公也，顾烈士此行本志在陆军，拟由成城入联队，而进士官学校，为将来回国以武力从事地步，讵意投验身格，以目力短视不予入，乃益嗒焉若丧，废寝馈者累月，不得已浪游三岛，结纳彼邦人士。不半载，折回鄂垣，旧囊中无长物，只赢得军用地图数幅，出口大将刀一柄，二者均属彼邦禁物,不知从何得来,烈士真神乎技矣。"

(章境尘:《为友人述徐先烈轶事书函文》)

赞助学生

浙江学生因章炳麟言革命入狱事,开会于牛区赤城元町清风亭,锡麟出资赞助其事。

(陶成章:《浙案纪略》)

相遇同志

会所中遇陶成章、龚味荪,相谈颇洽。散会后,即偕其徒张某访陶成章于驹达追分町浪花馆。成章导之以见松江纽永建,相谈宇内大势,锡麟大悦,颠覆清政府之念由此益专,遂购图书刀剑以归。

(陶成章:《浙案纪略》)

人皆有妻子

锡麟携妻孥抵日本,及归,有知其谋者,风锡麟当置家海外,犹得遗种。锡麟曰:"人皆有妻子,可悉移异域乎?以至安自处,诒人以危，吾耻之。"卒携家归。

（章太炎《徐锡麟传》）

返 国

徐锡麟"先回上海，至湖北见廉三，又归浙江见寿山，寿山为之介绍于其岳庆亲王亦劻，廉三又为锡麟言之于张之洞，之洞亦为介绍于袁世凯"。

（陶成章：《浙案纪略》）

为邹容、章太炎奔走调护

"癸卯春，四川邹容由日本至上海，亦日日声言'排满'，大为清政府所注目，令两江总督魏光焘与上海各国领事交涉，封禁《苏报》，逮章炳麟、邹容入狱。"

"是时，炳麟系上海狱三岁，罚作限且尽，或言虏欲行贿狱卒毒杀之，上海大哗。锡麟为之奔走调护，设百计以谋出之不得。"

（陶成章：《浙案纪略》）

反抗教会之压迫

初，绍兴城中有大善寺；天主教会欲得之，阴沟诸无赖，胁沙门置质剂，为赁于教会者。绍兴名族士大夫皆怒弗敢言，锡麟方病虐，裹絮被，直走登坛，宣说抵拒状。众欢踊，卒毁券，教会谋益衰。

（章太炎：《徐锡麟传》）

大通学堂之创立

一

（徐锡麟）继念浙省会党，知识浅暗，莫若稍事教练，以兵法相勒。乃与某某君谋创设大通师范学堂于绍兴。于普通科目外，尤重体操，六阅月而课毕。由是绿林之豪，麇集其间，而势力亦益盛。

（陈去病：《徐烈士传》）

二

嗣先生与吾弟济时，步行浙东西，延揽浙中健者秋瑾、竺酌仙、王季高、吕东升等，同办大通体育学校，朝夕教练。

（童杭时：《徐先烈伯荪先生事略》）

三

许克丞愿任经费设武备学堂，格于例不果；乃设大通师范学堂，凡浙东秘密会党诸魁杰，皆以是为交通总机关，各遣其相当之徒属就学焉。公然陈武装，演说革命，乡里窃窃然议之，而先生善交欢清吏，得无恙；然亦于其间积种种经验，知不惟绍兴，即浙江一隅，亦未足以大举。

（蔡元培：《徐锡麟墓表》）

四

徐烈士锡麟自与弟子童济时、卢钟岳徒步循历诸暨、嵊县、东阳、义乌、缙云诸邑，访其豪俊，得交嵊县竺绍康、缙云吕东升，欲以视竺、吕弟子，养成劲旅，乃谋设学以培植之。唯武事学校，非私人所许立，遂议设师范学堂，命名大通。

（沈光烈：《大通师范学堂知特殊教育》）

大通学堂之建设

正徘徊间，而陶成章、龚味荪自嘉兴来，乃共同商议，至府城谒豫仓董事徐贻孙，商借豫仓空屋数间为开办学校之用，贻孙领之，锡麟父闻而莫之如何，遂将寄存于府学校枪杆尽数移至豫仓。

（陶成章：《浙案纪略》）

皮鞋不能脱下

（徐锡麟）邀集同志，筹集经费，订定章程，呈请立案，并拨到山会豫仓为校舍。到了房屋修竣,校具齐备,教师聘定,登报招生,开学典礼告成的那一一碟,他想洗足了,不料皮鞋已不能脱下,因为他一意办学,各处奔走,两个月中没有很好地睡觉,两足肿溃流脓也不知道。

(朱赞卿:《大通师范学堂》)

表亲许仲卿

一

(许仲卿)与徐烈士同乡,彼此素甚相得。徐烈士蓄意复汉,每以结合同志为难。而许君独乐意赞从,不辞奔走,合意筹备。遂成忘形之交。甲辰三月,徐向许筹商拟办武备学堂,教练人才。许极赞成,经费独力捐助。后因清制不能私立,遂改办大通师范学堂,内容注重操练。

(《徐烈士碑传录》)

二

许仲卿自愿出款,如购买步枪费用,大通学堂用款,捐官费用,出洋留学费用,都是他负担的。

(陈魏:《光复会前期的活动片断》)

典礼楹联

一九〇五年九月二十三日，大通学堂举行开学典礼，礼堂高悬一幅楹联，上联为："十年教训，君子成军，溯数千年祖雨宗风，再造英雄于越地"；下联为："九世复仇，春秋之义，愿尔多士修麟养爪，毋忘寇盗满中原"。由于语涉忌讳，楹联数日后即撤去。

（谢一彪：《徐锡麟评传》）

提倡体育会

锡麟念士气孱弱，倡体育会，月聚诸校弟子数百人，习手臂注射。女子秋瑾与焉。从是就大通师范学堂朝夕讲武，每训练必身先之。素短小，习一岁筋力自倍，能日行二百里。

（章太炎《徐锡麟传》）

待徒情深

（徐锡麟）对待学生象亲生子女一样，往往在夜深人静时，轻轻地走到学生宿舍，见有手脚外露的，为之盖好被褥；蚊子相扰，为之掩好床账。

（朱赞卿：《大通师范学堂》）

公然购枪支

锡麟果敢人也，闻而识之心中，即向同志许仲卿借银五千版，至上海购买后堂九响枪也，请于知府熊起蟠，言明系各学校体操所用，领公文而往，明目张胆，雇挑夫十余名直过杭城，警吏皆不敢问。既渡钱塘江，到西兴雇船，运送至绍兴城内，寄存于府学校。

（陶成章：《浙案纪略》）

树革命之基础

（徐锡麟）于绍兴府设大通学堂，专重兵式体操，以树革命之基础。

（《当代名人事略·徐锡麟》）

淋雨演操

一日的下午，天气热闷，正操到一半，下了倾盆的大雨。体操教员带了一班学生，如飞的跑进学堂里。先生（徐锡麟）问："为何钟点未到，就不操了。"教员说："你不见天下大雨吗？"先生毅然道："你们将来上战场，天一下雨，就不打而跑回吗？"教员不说，全体学生也都对着先生呆看。只见先生一言不发，自己跑到操场上，在大雨下面，笔直的立着。于是，教员和学生，也仍旧回到操场上，操完了四点钟的课程。

（王叔梅：《徐伯圣先生轶事》）

卷 四

谋以术倾满洲

（徐锡麟）尤善会稽陶成章，谋以术倾满洲，既信乡里，富人捐金五万版与之，入赀，得道员；而成章得知府。

（章太炎：《徐锡麟传》）

参加乡试

癸卯年，伯师应浙江乡试，时八股已废，第二场时务策中，有问及枪炮事，适投所好，以三角法绘图立式，言之綦详。比纳卷，收卷者难之，以为违式，欲勿收，强而后可。

（孙元超：《徐锡麟年谱》）

仅中副榜

一

乡榜揭晓：山邑获隽五人，素稔者，严伯良寿鹤、许少翰乙藜，副榜四人，徐伯荪亦与其列；会邑则仅副榜一人。

（何寿章：《苏甘室日记》）

二

徐锡麟从违式被摒中得到深刻教训，知科举锢人甚烈，大恸。

（毕志社编：《中国革命党大首领徐锡麟》）

不敢往贺

（徐锡麟）在府校任副监督时，曾赴秋闱，中副车，予偕胡君翰斋闻讯往贺。先烈一见予等，即谓："汝辈来此何为？"予等知其意，即不敢言贺。盖先烈之应试，不知者以为顺从亲心，实则欲藉此为进身之阶，俾得接近清廷，以实行其抱负也。

（韩澄夫：《徐先烈轶事》）

开办书局

一

（徐锡麟）在绍城轩亭口开设书局，兼分设杭州青云街，运售新译西籍，暨新民报等。

（毕志社编：《中国革命党大首领徐锡麟》）

二

（徐锡麟）在轩亭口创造一特别书局，专印《饮冰室文集》等书，广行于世，志在宣传文化，启迪民智，传播革命种子。

（韩澄夫：《徐先烈轶事》）

三

特别书店，开设年月：今年正月，专售新书，规模平常，住址：轩亭口，程度：高。

（沈钧业：《调查会稿十七》）

四

癸卯八月，伯师来杭州乡试，那时我已入浙江大学堂肄业，一同应试。伯师在附近青云街临时开设维新书店，供应考生购买。乡试每年八月初八日开始，至十六日结束，书店也同时前后相应开歇。

(孙元超：《徐锡麟年谱》)

物色豪杰

(徐锡麟)以诸生中副榜，既复悔之，乃集资设书肆，假以物色豪杰。

(陈去病：《徐烈士传》)

入东斌学堂

徐锡麟立即着手回国前的准备工作，进入东京巢鸭东斌学堂学习军事技术。由于清政府禁止自费生学习军事，东斌学堂专门接收被振武学校拒绝的中国自费留学生。"东斌学堂却有不同的作风。该校收容被振武学校拒诸门外而有革命思想拟习军事的自费中国青年。这是寺尾亨博士激于侠义心肠而创办的，可说是私立的振武学校。"东斌学校创建于1903年左右，由于寺尾亨博士经济拮据，难以为继，学校仅仅维持五年，熊克武和陈铭枢均是东斌学校的毕业生。徐锡麟考入"私立东京巢鸭东斌学校，专习军事，研劈刺骑射之术"。

(《中国人留学日本史》)

学习造币技术

徐锡麟还请石井菊次郎协助留日同志学习造币技术，以便将来发动大规模的起义后，制造纸币以支付革命军的军饷。徐锡麟嘱咐："军兴饷匮，势将钞略，钞略则病民，亦自败，洪秀全事可鉴也。今计莫如散军用票，事成以次收之。然军用票易作伪，宜习其彫文织镂，今难作易辩，子勉学之。"

（陶成章：《浙案纪略》）

坚持大通学堂之续办

大通学堂待第一届学生毕业后，立即解散，以免日后生变，暴露革命的目标。但徐锡麟却持有异议，坚持继续以大通学堂作为革命大本营，培训会党分子，聚集会党力量。陶成章"与锡麟等意见又不洽，而（竺）绍康、（吕）熊祥、（赵）卓等咸欲藉此以广招徕，均不愿闭歇此校，于是再由（竺）绍康、（吕）熊祥、（赵）卓各自转招其徒党来大通学校，再开体操班，一仍前日之旧"。陶成章因病偕龚宝铨到杭州西湖休养，吕熊祥从绍兴赶相见，陶成章再次表达自己的观点："欲兴革命军，非可以学校为大本营者，学校不可为造就人材计，今人材已足用，不若归乡倡办团练。"但吕逢樵"诺之而去，然终不能践其言也"。

（陶成章：《浙案纪略》）

查勘形势

他"原拟指分湘鄂,冀有作为。讵鄂省正停分发,即偕许(克丞)赴武昌运动俞廉三,并查勘鄂地形势,每夕归寓,必向许(克丞)陈说,欣然以鄂为用武地"。徐锡麟获悉湖北暂停分发,遂改赴安徽。俞廉三提出云南、四川和安徽,徐锡麟可任选一地。俞廉三建议:"滇督李(经羲)、川督锡(良)、皖抚恩(铭)皆与有旧,而亦爱才,君自择之,当举不避亲也。"徐锡麟思虑再三,"滇本边陲鞭长莫及,川省又闭关自守地,非进取地,惟皖则昆连东浙,温台健儿、越中君子呼应较灵,遂决计分皖"。

(陶成章:《浙案纪略》)

改省皖江

徐锡麟鉴于"其时大通生徒程度日高,魄力较大,徐(锡麟)复拟绍中举义,集同志商议。总以壤地偏小,不足迴旋为虑。许(克丞)复力阻之。惟既不得到鄂,计不如权时改省,再时相机而作,彼时皖抚恩铭,系俞廉三旧属,遂决计改省皖江"。

(陶成章:《浙案纪略》)

捐官之计划

当大通学校成立先后，成章见绍兴同志中颇有资本家，于是又偶议捐官学习陆军，谋握军权，出清政府不意，行中央革命及袭取重镇二法，以为捣穴覆巢之计。锡麟伟其说，相约五人捐官学陆军。五人者何，即徐锡麟、陶成章、陈志军、陈德谷，龚宝铨即味荪也。以年齿高下，锡麟为长，成章次之，志军又次之，德谷又次之，味荪居末。由锡麟运动许仲卿出资，遂往湖北往见其表叔原任湖南巡抚俞廉三。是时，廉三正欲得浙江铁路总理之职，又素以顽固，为人所唾弃，思欲一雪其耻。锡麟知其隐衷，即以此两端饵之。廉三中其说，因代为纳粟捐官，复致函介绍于署浙抚满将军寿山。锡麟既归浙江，遂造抚院谒寿山，觇知其愚而贪，乘其言词吞吐之际，即纳贿三千金。寿山嘱幕友批准五人学习陆军之禀，复为致一函于驻日使臣杨枢新。浙抚张曾敭从湖北起辕时，廉三复再三重托之，谓锡麟系其表侄，余人均为其好友。锡麟等遂先后至日本。锡麟同行者，除其妻振汉外，有陈伯平、马宗汉等十三人。既到日本，以私费不能进去，旋复由廉三电浙抚，浙抚电驻日使臣，谓诸人已改作官费，请其即速保送。会有搆者，于进校时以体格不合见拒。乃又改谋入陆军经理学校，复不得。

（陶成章：《浙案纪略》）

捐官之游说

徐锡麟接受捐官的任务后,"遂往湖北,往见其姻、原任湖南巡抚俞廉三。是时廉三正欲得浙江铁路总理之职,又素以顽固为人所唾弃,思欲一雪其耻。锡麟知其隐衷,即以此两端饴之。廉三中其说,因代为纳粟捐官,复致函介绍于浙抚满将军寿山。锡麟即归浙江,遂造抚院谒寿山,觇知其愚而贪,乘其言词吞吐之际,即纳贿三千金。寿山嘱其幕友批准五人学习陆军之禀,复为致一函于驻日使臣杨枢。新浙抚张曾扬从湖北起辕时,廉三复再三重托之,谓锡麟系其表侄,余人则均为其好友"。

(陶成章:《浙案纪略》)

所捐之官职

徐烈士锡麟捐的是道台,填的是步兵科;陶烈士成章捐的是知府,填的是步兵科;陈志军捐的是知府,填的是炮兵科;陈魏捐的是同知,填的是骑兵笠;龚宝铨捐的是同知,填的是工兵科。

(陈魏:《光复会前期的活动片段》)

安徽候补道

一

君（徐锡麟）既返国，乃取某氏所贷余金，运动满洲政府，尽罄其财。昔与君同事者，莫测君所为。争怪怨之。然君竟因是得安徽候补道。当其莅皖也，先乞俞廉三为助，并得清庆王奕劻及杭州将军长某书，携以谒恩铭。

（陈去病：《徐烈士传》）

二

（徐锡麟）又念非握兵柄，则不足举大计，乃同某君等共假金某氏，得数万金，以捐纳得道员。

（陈去病：《徐烈士传》）

游说当道

一

后东游日本，考察其军制及酱务，并派吾弟济时还国，谒见当时两湖总督张之洞，湖南巡抚俞廉三，江苏提督徐绍桢等。陈述革命救国，颇得默契。

（童杭时：《徐先烈伯荪先生事略》）

二

是岁淮安、徐、海大侵，锡麟年三十四，即以道员赴安徽试用。锡麟本得道员时，欲藉权倾房廷，诸达官无所不游说，自袁世凯、张之洞及浙江巡张曾敖故湖南巡抚俞廉三皆中其说，为通关节书；镇海将军满洲人某亦受锡麟倭刀，为其用。

（章太炎《徐锡麟传》）

孑身侨寓

一

烈士官皖时，赁居安庆小南门之小二郎巷，眷属未往，孑身侨寓。

（萧岳：《徐锡麟轶事》）

二

始徐来皖，寓小南门，赁查姓屋而居，事变作，往搜乎其家，一无所获，仅存什物家具而已。

（潘赞华：《徐锡麟刺杀皖抚恩铭》）

主陆军小学

一

到安庆，岁暮，即主陆军小学。逾年，移主巡警学堂。日戎服自督课，莫置酒请诸军将士，又卖衣服以给弹丸，诸生益严重锡麟。虽军士亦多欲附者矣。

（章太炎《徐锡麟传》）

二

任陆军小学会办，督课甚严，每出操训练，虽烈日暴雨，行不张盖，衣履尽湿，不顾也。

（潘赞华：《徐锡麟刺杀皖抚恩铭》）

不满现状

（陆军小学堂学生）多数为十余岁之青少年，一时不易接受革命教育。烈士考虑，要想在安徽建立革命活动基地，必须掌握安徽巡警学堂实权，才能开展工作，同时了解该校有少数进步学生在内活动，有较好武器（每个学生有九响毛瑟枪一枝），便于起义。

（凌孔彰：《徐锡麟烈士革命事略》）

勘察形势

常驰马出集贤关,登龙珠山,游观音洞、石马湖,以察皖形势。间约青年有志教习以行。在小学任职一期,乃调巡警学堂总办与总教习。

(潘赞华:《徐锡麟刺杀皖抚恩铭》)

夜观天象

於校中自制天文仪,当夜观天象,喟然曰:"谚曰荧惑入南斗,天子下殿走。今岁夏秋之交,天下必有变也。"

(潘赞华:《徐锡麟刺杀皖抚恩铭》)

得到重用

一

恩铭者,庆长戚也。方任皖抚,因大器之,立命会办警察学堂事。以是君(徐锡麟)遂得稍稍抒发其意气矣。

(陈去病:《徐烈士传》)

二

徐锡麟初到皖省,谒皖抚恩新帅,即纵谈军政,为新帅所器重。又徐为俞廉帅表侄，乞俞作书说项，即委充陆军小学堂总办。本年二月，改委巡警处会办，兼理学堂事务。并于赈捐案内，加捐花翎二品顶戴。既办警务以来，颇能实心任事，学界亦同声称道，新帅更视之不疑，尝语人曰：徐道办事颇有才气，其在学堂事事认真，学生习练，徐（锡麟）每自着军服，亲入队中同操，自为领队，部勒学生颇严肃。每于夜晚，必严查学堂，即厕所小便之处，亦亲自往查。学生毫之，然均以其办事勤慎，且嘉许之。

（毕志社编：《中国革命党大首领徐锡麟》）

徐小道

时皖抚为满人恩铭，徐有才干，且得湘抚俞联三之荐，益器重之，遂有徐小道之称，以徐年少而最能也。

（潘赞华：《徐锡麟刺杀皖抚恩铭》）

奏加二品衔

一

尝值炎夏，君卓立于赤日中，戎装剑佩，躬自督练，仪观伟然。皖酋以为能，立奏请加二品衔。而不知君报国热忱日益磅礴，固将食其肉而寝其皮也。

（陈去病：《徐烈士传》）

二

安徽巡抚恩铭谓锡麟能，奏请加二品衔，然闻人言，日本学生多阴谋，稍忌之。

（章太炎《徐锡麟传》）

加授陆军学校监督

徐锡麟既需次安庆，得武备学校差使，然每月所入，不过数十金，不敷所用，乃遣归其妻王氏，并非有他谋也。又以未娴官场陋仪，屡为其同室所窃笑，欲联结兵营，则又口操绍兴土音，事多隔膜，郁不自得，屡思归浙，同乡僚属劝留之。锡麟亦以浙抚张曾扬交涉已稍有破裂，恐归杭城，亦复难收效果。正在徘徊观望间，俞廉三又以函嘱恩铭，称锡麟有才，务加重用。恩铭答廉三以'门生正欲重用之，毋劳老师悬念'等语，遂即改徐（锡麟）为警察会办，俸金所入较多，锡麟因得稍行布置。寻恩铭又加授锡麟于陆军学校监督之责。

（陶成章：《浙案纪略》）

器重朱蕴山

1906年，即清光绪三十二年秋，我随宗史朱检之、朱笃之离开家乡六安，来到安庆。笃之考入陆军测绘学堂，我入检之考入徐锡麟主办的安徽巡警学堂。我俩都考入该学堂的官生班。徐锡麟见我年轻,把我从官生班挑出编入兵生班。当时列入兵生班的还有宋玉琳、杨允中等人。分到兵生班后,除学习有关军事、警务科目外,还进行步兵操练。"

(朱蕴山:《我的老师徐锡麟》)

铲除革命对头

一

烈士(徐锡麟)任教时最厌恶的是世善(满人),他居心险恶,歧视烈士,遇事刁难。烈士常对我说,世善是革命的对头,此人不除,工作难做,时时想杀世善,后请世善吃饭,在酒里下了毒药。这件事非常机密,都说世善暴疾病故,其实是中毒身亡。

(凌孔彰:《徐锡麟烈士革命事略》)

二

徐(锡麟)之目的如是,故徐(锡麟)之布置无往而非欲达其目的之方法。徐锡麟之分发到省在去年秋间,适有改良警察之议,已故世(善)臬台为督办,引徐(锡麟)为会办,即设警察学堂。徐(锡麟)乃多引其同乡武备毕业生以为己助。盖其蓄谋极久,今年春间世(善)臬台忽以暴疾死。未死之先,曾饮于徐(锡麟)所。议者谓世(善)年富力强,素无疾病,其暴死之原因，殆徐（锡麟）有以致之。

(毕志社编：《中国革命党大首领徐锡麟》)

暗中运动军人

世枭死后，继任者无徐（锡麟）之精明，徐（锡麟）得为所欲为，暗中运动军人为己用。以故徐（锡麟）之在皖，极意联络军界中人。惟徐（锡麟）操浙绍土音，语多不通达意，且徐（锡麟）以皖省军界中人程度太低，每有格格不入之叹。

(毕志社编：《中国革命党大首领徐锡麟》)

陶成章等之见疑

徐锡麟莅皖后，以见知于恩铭，迭获军政要差，方谓权势日重，大有可为。然转不见谅于光复会各同志，盖陶成章、龚宝铨等以锡麟求进太速，疑为功名心重，宗旨不定，渐非议之，而成章反对尤力。锡麟不为少动，仍进行不辍。"安庆"有湘人张柏寅者，世居安庆，与锡麟为莫逆交，有大宅在城内，锡麟每次开会，常假张宅为会场。皖省同志如兵备处提调胡维栋、马营排长常恒芳、督练公所学员龚镇鹏、兵弁孙希武诸人，皆与往还。惟锡麟作事深沉，机不外露，以同志陶成章等之见疑，益滋戒惧。

(冯自由：《中华民国开国前革命史》)

谨慎敏捷

居皖半年,对于光复会事务从未实行推广,会友之投皖相助者,亦只陈伯平、马宗汉两人,每值星期日虽常召集巡警学堂教员学生于讲堂为爱国之演说,然其意在灌输最新知识,以激荡思潮,而于种族大义特隐隐流露于词气之间而已。校中生徒闻其纵谈时事,莫不奋发,然亦多莫明其宗旨之所在。盖锡麟办事与秋瑾不同,秋瑾性情豪迈,不畏人言,主持大通学校不过数月,而校中生徒及所联络之会党头目,皆令一律入光复会,故会务进步极速,而革命之风潮大露。锡麟则条理细密,即在光复会旧友,除在浙之秋瑾等数人外,亦鲜与联络"。

(冯自由:《中华民国开国前革命史》)

卷 五

狱见章太炎

是时，余杭章炳麟以言革命系上海狱，罚作三岁。限且尽，或言虏欲引贿狱卒毒杀之，上海大哗。锡麟为奔走调护，直诣狱见炳麟；炳麟素不知锡麟名，识其友陶成章，锡麟欲自陈平生事，狱吏呵之，错愕不得语，乃罢去。

（章太炎：《徐锡麟传》）

学造纸币

东抵日本，欲与陶成章及弟子会稽陈伯平入陆军经理学校，不果。属其友某学造纸币，曰："军兴饷匮，势将钞略，钞略则病民，亦自败，洪秀全事可鉴也。今计莫如散军用票，事成以次收之，然军用票易作伪，宜习其雕文戬镂，令难作易辨。

子勉学矣!"议既定,以陈伯平、马宗汉归。乡人复请任徽巡事,许之。

(章太炎:《徐锡麟传》)

出山海关

旋与同里曹醴泉赴宛平,出山海关,遍走辽东、吉林诸部,至辄览其山川形势。见大盗冯麟阁,与语甚说。

(章太炎:《徐锡麟传》)

拜访冯麟阁

一

(徐锡麟)特至满洲,见马匪魁首冯麟阁。

(陶成章:《浙案纪略》)

二

徐锡麟在彰武拜访冯麟阁,两人一见如故,畅谈反清革命大业,相约南北呼应。徐锡麟赋诗言志,表达一个革命者义无反顾的献身精神:"军歌应唱大刀环,誓灭胡奴出玉关;只解沙场为国死,何须马革裹尸还!"

(《徐锡麟集》)

三

麟（徐锡麟）于十五日由新民府乘车赴北京,于奉天彰武一带,已游历一过。该处有一人,名麟角,姓冯,前与俄国打仗,常常获胜,系该处统帅,前即马贼之大头目。人颇节俭,身穿布衣,单娶一妻,其人极有威名,麟宜与时时信札往来。

（《徐锡麟集》）

拜见袁世凯

徐锡麟"曾至天津谒直督袁慰帅。慰帅不为礼遇。徐（锡麟）因幕府中有绍兴同乡某君介绍,愿为效力。并言宫保如用我,我能解散日本留学生中之革命党,尽变其宗旨,为宫保效死命,否则,团体坚固,虽宫保难免有意外之虞"。但袁世凯"以其言不伦不类,置之不理。徐又上说帖,亦无效力,遂拂衣去之皖"。

（毕志社编：《中国革命党大首领徐锡麟》）

相约杭州计划举义

"徐烈士伯荪、秋烈士竞雄、陶焕卿等来杭开会,师徒竭诚招待。陈英士、章太炎、蔡鹤卿曾多次来庵集议。蔡松坡由桂省游杭亦在此庵与顾子才、吕戴之、黄元秀共谈数日,借商策略。"

(黄元秀:《西湖白云庵与辛亥革命之关系》)

卷 六

误打误撞

一

沪上侦探捕获党人叶仰高,仰高,景宁人,吕熊祥之同乡也,因与熊祥有交,得略识光复会秘密内情。既为侦探所获,递解至南京,端方派员讯问,仰高将所知者姓名供出,且言已入官场,然仰高之所供,又非其人之真名,乃系会友函件往来及外人交涉所假定之别号,是为店名,并非人名,然又取其与人名相近似者。端方不知其故,即将此等名姓电告恩铭,嘱其严拿。恩铭以锡麟为警察会办,召与商议,即以端方之电文示锡麟,而不知其间之一人,即系锡麟之别号。乃佯为不知,即辞恩铭归堂,召巡警数名,授以恩铭所授一纸人名,使其细为察访。

（陶成章：《浙案纪略》）

二

安徽巡警学堂学生分为甲、乙两班，每班二百人，每三个月为一期，甲班毕业后再开始训练乙班。在甲班未毕业时，两江总督端方在南京捕获了一个革命党人，他出卖了同志，说安庆有个革命党首领姓徐的在活动。端方即电恩铭防拿，恩铭得端方电后，即召见烈士（徐锡麟），出示端方电报，叫烈士缉拿。当时恩铭弄不清楚端方电报指之徐某即烈士（当时安徽候补道有两个姓徐的），烈士见电报后，怀疑是自己机密泄露，处境危险，回校后策划早日起义，先发制人，一面密电日本革命机关请速派熟练炮科和政治宣传人员来安庆协助起义。约一个月左右，由日本派来陈伯平、马子睦二人，与烈士布署起义工作。

（凌孔彰：《徐锡麟烈士革命事略》）

仓促起事

（徐锡麟仓促起事）原因于捕党太严。先江督在上海获党人叶某，叶尽将同党人名录呈，并谓多猬集于皖，而为首者乃徐锡麟，但举其别名言之。江督当即电嘱恩抚，严密侦探。时徐（锡麟）为侦察长，故皖抚特邀请协商，并相倚重。徐（锡麟）阳诺之而阴畏之，恐一旦事露，且有不测，故先发制人，遂有五月二十六日举。

（毕志社编：《中国革命党大首领徐锡麟》）

共图举事

端方既仇杀党人,皖酋心动,下令戒严。君闻之,窃独悲愤,谓祸根不除,终且滋蔓,则神州黄胤宁有重见天日之期耶?乃密约海外同志,迅疾赴皖,共图举事。

(陈去病:《徐烈士传》)

深谋远虑

徐锡麟以暗杀主义实行革命,满其所欲,固不仅杀一恩抚已也。盖徐(锡麟)蓄志排满已十余年,至今日始以杀恩抚为下手之方,寻及于皖省之满员,此外文武可以不鞭而驱,不策而驰。命上溯江流,直下南京,而后徐定大计,或竟兴汉灭满。

(毕志社编:《中国革命党大首领徐锡麟》)

起事之预备

一

锡麟亦心动,即移浙江诸豪,刻日赴安庆;又外与诸练军结,欲仓卒取安庆大吏,令军心乱乃举事,期五月二十八日,巡警生卒业,集大吏临视,尽掩杀之。恩铭欲速,召其校执事顾松令易几,以二十六日临视。时,援未集,顾已不可奈何,乃密与陈伯平、马宗汉为备。

（章太炎：《徐锡麟传》）

二

期五月二十八日，会警察生将毕业，君乃遍邀皖中官吏，莅堂观礼，亦期五月二十八日。而恩酋欲速，君对以未集，恩酋乃召其校执事顾松问之。松唯唯从命，遂改五月二十六日举行毕业礼。君虑坚持即谋将泄，从之即后援尚未至，实已无可如何。不如先发以待天命，遂从之。

（陈去病：《徐烈士传》）

三

盖皖省巡警学堂兵生五月间已届三个月毕业之期，连日校中考试将竣，照章应由抚宪亲临大考，以便拨充站岗，为试办东西两区巡警地步，恩新帅乃择期二十六日莅堂，看各兵生卒业大操。方其行刺之前数日，无日不大宴宾客，费七百余金。此次阅操，阖城文武官员，徐（锡麟）皆亲自衣冠诣请，期其必到，以施一网打尽之计，及至二十六日也，又设盛宴于花厅，预埋炸药于厅下，请各官宴毕阅操。其所以布置，将欲使恩抚以下尽为灰烬于樽俎之间，而孰意新帅有先阅操后设宴之令，于是，徐（锡麟）知其布置之徒劳，且疑计已外泄，自料击恩抚亦死，不击恩抚亦死，与其不击而死，孰若击而死，此枪击恩抚之所以急急也。

（毕志社编：《中国革命党大首领徐锡麟》）

起事之计划

绍兴大通学堂，为徐锡麟所创办，陶成章实助其成，假绍兴城内府山后之豫仓为堂址。光绪三十一年八月二十五日开学，别设体育会，定六个月毕业，广招金、处府属各秘密会党首领入学训练。以兵法部勒之，得数千人，编为八军，曰"光复汉族，大振国权。"统名之曰"光复军"。锡麟自为首领，瑾为协领，张恭、竺绍康、王逸、吕逢朝为分统。三十三年正月，锡麟得党山（村名）富绅许仲卿之助，入赀为道员，指分安徽，堂事委瑾接办。时革命潮流日益发皇，而实力微嫌薄弱，于是聘邑人孙秉彝为总理，瑾则亲往各地运动会党，由诸暨经浦江、武义而至金华、兰溪，复由永康、义乌而至处州，一时如终南会、龙华会、九龙会、平阳党、乌带党以及青帮、洪帮诸魁杰，罔不结盟，声势大振。浙江军界朱瑞等，学界蒋鹿珊等，亦复分途纠合，暗通声气。布置就绪，拟定四月间起事。寻改五月初旬。再改五月二十六日，由金华徐买儿发难，处州继之，俟清兵自杭垣渡江往援，则绍兴之军，截其后路，乘虚占据杭州，皖、江同时响应，即可会师金陵。计划既定，以筹备不及，复定六月初十日。讵事机不密，谣诼繁兴，武义县知县钱宝镕电省请兵，浙抚张曾扬派已革广东补用副将尽先参将驻衢巡防营沈棋山率巡防队前往剿办。五月二十三日，与义军接战，同志刘耀勋死之。聂李唐、李嘉宾、李好江、李良金、李维伦、李何齐、陶思乾等皆被捕。金华府嵩宇密禀浙抚略称："拿获金华、武义匪目供出系大通学堂勾结起事，请严究。"同时徐买儿又因他案事被捕。部下诸人谋劫狱，不幸为清吏所悉，于五月二十四日杀买儿。金华义军遂告失败。而锡麟在皖，于五月二十六日刺杀巡抚恩铭，亦因军事未能得手，与陈伯平、马宗汉先后被难，故遂有大通之狱。

（秋宗章：《大通学堂党案》）

起事之经过

锡麟先接伯平信，知事已露不能中止，然欲后浙江师期二日举事。因恩铭欲赴其幕友张次山母八旬寿诞而张母生日适为五月二十八日，锡麟不得已乃改为二十六日。锡麟之不能稍忍须臾以待事机者，非瑾为浙江师期之约故也。先是沪上侦探捕获党人叶仰高，仰高，景宁人，吕熊祥之同乡也，因与熊祥有交，得略识光复会秘密内情，既为侦探所获递解至南京。端方派员讯问，仰高将所知姓名供出，且言已入官场。……端方不知其故，即将此等名姓电告恩铭，嘱其严拿。恩铭以锡麟为警察会办，召与商议，即以端方之文示锡麟，而不知其间之一人，即系锡麟之别号。乃佯为不知，即辞恩铭归堂，召巡警数名，授以恩铭所授一纸人名，使其细为察访。于是面覆恩铭云："职道已派人察拿去矣。"恩铭信之不疑。锡麟知事机已迫，稍一退步，前功尽弃，屡欲乘机起事，既闻浙江之约，乃遂决计杀恩铭以求一逞。五月二十六日晨，锡麟早起，偕伯平、宗汉到巡警学校，召集学生演说。谓"我此次来安庆，专为救国，并非为功名富贵到此，诸位也总要不忘救国二字，行止坐卧，咸不可忘；如忘救国二字，便不成人格"、反覆数千言，慷慨激昂，闻者悚然。然众学生均不察其命意之所在。既而又曰："余自到校以来，为日未久，与诸君相处，感情可谓和洽。余於救国二字，不敢自处于安全之地位，故有特别意见，再有特别办法，拟从今日发见。诸君当谅余心，务祈有以佐余而量力行之，是余之所仰望于诸君子也。"语毕而退。是日钟八下时，恩铭即到校，为时特早。未几，藩司以下各员皆莅至。钟九下时，考试警生体操。恩铭至临礼堂，开册点名，官兵两班，学生站队阶廊下。锡麟率教习等鹄立阶前，伯平、宗汉立堂侧。先由官生行鞠躬礼，恩铭甫回答毕，兵生正拟行礼，锡麟遽向前行举手礼，随呈学生名册于案上，即云："回大帅，今日有革命党起事"。盖与伯平、宗汉二人预约之暗号也。恩铭方愕然，询曰："徐会办从何得此信？"语未毕，伯平上前，猛向恩铭掷一炸弹不爆发。恩铭惊起。锡麟曰："帅勿忧，这个革命党，职道终当为大帅拿到。"恩铭曰："何人？"锡麟即俯首向靴统内拔出手枪两枝，握左右手，向恩铭施放，曰："即职道也。"恩铭惊骇，问曰："会办持枪何用，岂要呈验乎？"语未毕，而子弹已至，文武两巡捕摇手阻止之，而弹亦至。锡麟之本意，欲以一枪击死恩铭，当即转向左以击藩司，复向右以击臬司，而令伯平、宗汉分杀两傍侍坐之各道府州县官。不料其眼近视，不能识其命中与否，遂向恩铭乱放，伯平、宗汉亦随之而乱放。恩铭身中七伤：一中唇，二穿左手掌心，三中右腰际，余中左右腿，皆未受致命伤也。文巡捕陆永颐，武巡捕车德文拥卫恩铭不去。锡麟用枪击思铭时，永颐以身翼之，身受五弹，均中要害。弹尽，锡麟归室内装弹。右左背负恩铭将逸出，伯平自后追放一枪，由尾间（间）上穿心际。藩司冯熙命戈什背负恩铭入轿中，两足拖于轿外，狼狈抬回抚署。恩铭犹能大呼："务将锡麟拿获，收禁司监。"文武官吏咸乘机溃走，或由后院折墙而出，或由前门逸去。锡麟先命门者关门，门者不从命，致诸官得以逃走。锡麟怒击杀门者。顾松已逃至门外，由马宗汉捉回叱令跪，松叩头乞命，锡麟詈为奸细，连劈数刀不死，由宗汉用枪击毙之。……清吏既乌兽散，锡麟即拔刀出，临礼堂，拍案大呼曰："抚台已被刺，我们去提奸细，快从我革命。"诸生惊愕不知所为。锡麟率伯平、宗汉二人，左执刀，右持枪，横目视学生，大呼："立正，向左转，开步走。"各学生从锡麟出校，欲先至抚署，闻已有备，乃折回至军械所。锡麟领前，宗汉居中，伯平殿后。其在锡麟后之学生均弃枪逸去，从入军械所者三十余人。守军械官候补道周家煜望见遁去。锡麟至军械所，命伯平守前门，宗汉守后门，将护勇人尽行杀死，令学生开库取枪杆子弹，均未配合，不适于用，乃将巨炮五门运出，装子弹缺去机铁一块，遍觅无着。时藩、臬各司购捕锡麟，悬偿至三千金，顷之，又加至七千金。锡麟因虚有枪炮，无所用之。正躁急间，清兵已至，围之数重。锡麟命伯平杀出重围，往城外平日相结各练军处乞援，城已闭不得出，回报锡麟。锡麟督学生与清军战，自十二点钟起，直至四点钟止，伯平死。宗汉谓锡麟曰："事无已成，不若焚去此军械局，与清兵同烬。"锡麟曰："我辈所欲杀者满人，若焚去军械局，则是不辨黑白，全城具烬矣。"遂不许。未几，清兵破墙而入,缉捕营勇死者三名,伤者数十人,学生死者一名,伤者数人。军械所库房坚固,未及打开时,清兵多不敢上前,藩司冯煦派道员黄润九,邑令劳之琦前往督催,依然不进。冯煦出示:获锡麟者偿万金。于是各告奋勇,将军械所打开,竟无一人在内,但见锡麟军帽戎衣而已,知已易装走脱。寻得之于军械第三重室内,宗汉亦被获。抚幕张次山、藩司冯煦、臬司毓朗同讯。毓令锡麟跪。锡麟曰:"尔还在洋洋得意,若慢走一刻,即被余杀。"张次山、冯煦复讯数语,锡麟抗对不屈,清吏无奈之何。锡麟忽指毓朗曰:"便宜尔,被尔逃脱。"毓朗大震几踣。既而复曰:"杀尔亦无济。"令之供同党,缄口不言;饬写口供,挥笔直书。端方电冯煦命杀锡麟,恩铭家中请剖心以祭恩铭,冯煦心不欲,然不能阻止之。……锡麟既就义,清吏至锡麟公馆验视,见有炸弹数枚,革命军大元帅印一,及光复会军政府告示一,又从锡麟书箱检出书信数件,而以沈钧业及其弟伟函件为最多。

(陶成章:《浙案纪略》)

起事之失败

一

及期,鼓吹作,诸大吏皆诣校,疑立,巡抚前,即位,三司诸吏以次侍。锡麟令顾松键门,拒出入,顾松固知情,阳诺,不为键。锡麟持短铳遽击恩铭,数发皆中要害,左右舆之走,三司皆夺门走,即闭城门拒外兵,诸兵至,不得入;乃发兵捕锡麟，锡麟知事败，传呼巡警生百余人，曰："立正"，巡警生皆立正，锡麟曰："向左转走"，巡警生皆左转走，走则攻军械局，据之。发铳，弹丸尽，发炮，炮机关绝，陈伯平战死。锡麟即登屋走，追者至，被擒。

（章太炎《徐锡麟传》）

二

期近，君日召诸生，讨厉綦切，继以涕泣，诸生咸为感动。又密与同志陈伯平渊、马子畦宗汉，严为戒备。二君皆诺之。至日，恩酋以下咸戾止，君始终虑谋泄，坐既定，君谕教员某下键，某承命远遁。嗣命顾松，以松固知情者，至是乃忽反汗，君大愤恨，立击杀之，遂还击恩酋于堂。枪连发，皆中之，并伤及其左右，独藩、学、臬以下伪吏皆纷纷夺门逾垣遁。恩酋尚未死，其左右急牵之，君复击洞其腹，及巡抚署而死。临死，犹谓人曰："徐道击我，徐道击我。"故其下遂发兵击君。

（陈去病：《徐烈士传》）

侃侃不讳

君知事败，急率众据军械局。放枪，枪子竭。发炮，炮机关绝。遂被围，陈伯平死之，君复走，为追者所及，卒就擒。至按察司署，官吏咸临讯，君侃侃不讳，词气甚正，遂杀之。剖其心以祭恩酋云。

(陈去病:《徐烈士传》)

奋书千言

审讯时,徐盘膝坐地,大讲革命道理,滔滔不断。又索纸笔,奋书千言:"我本革命大首领,到安庆专为排满而来,作官是假的。……本想杀死恩铭,再杀端方、铁良、良弼。乃竟于杀恩铭后,即被拿获,实难满意。……革命党多,在安庆者实我一人,助我者仅光复子宗汉子二人,不可拖累无辜,冤杀学生。我与孙文宗旨不合,他也不能使我行刺。"写完,自读自改,从容不迫。

(刘序功:《徐锡麟烈士传略》)

豪气百端

问官为藩司冯煦、臬司毓贤、知府桂锳等,锡麟盘膝坐地上,直认排满不讳,口讲手划,说革命道理,滔滔不绝,多绍兴音,闻者不解。乃索笔奋书,立就数千言,书罢自读,复自涂改,满纸如龙翔凤舞,豪气百端。

(吴健吾:《徐锡麟安庆起义》)

"谁践谁的土"

藩司冯煦责以食毛践土之义,徐厉声叱曰:"谁食谁的毛,谁践谁的土!"冯哑然。又问:"大帅平时待你不薄,胡为有此举?"徐曰:"平素盛情,私交也。杀之为汉族报仇,公义也!"冯说:"你平日常见抚台,何不击之於署中?"答:"击之署中,私室也,学堂公地也,革命党人作事,须要众目昭彰,岂可鬼鬼祟祟!"并大笑说:"目的已达,死无憾矣!"

(刘序功:《徐锡麟烈士传略》)

"恩铭死矣"

徐录供词时曾问问官曰:"恩铭死否?"问官答曰:"大帅无恙,行且亲讯尔矣。"嘿然。己而问官又曰:"将剖尔之心矣。"徐辗然笑曰:"然而恩新甫死矣。"

(吴健吾:《徐锡麟安庆起义》)

"再照一次"

审讯后摄影,徐锡麟说:"再照一次。这张面无笑容,不可留示后世。"臬司毓秀探身缩颈问曰:"事到临刑,还笑得出来么?"徐叱之:"今天便宜了你的一条狗命!"言时横眉怒目,声色俱厉,吓得毓秀面无人色。

(刘序功:《徐锡麟烈士传略》)

"今天便宜了你"

当晚就义于抚署东辕门外。临刑前,徐向监斩官、安庆府同知志瑞说:"今天便宜了你志露卿!"志吓得连打寒噤,得病不久死去。

(刘序功:《徐锡麟烈士传略》)

自为汉种问罪满洲

恩铭已死,三司问锡麟状,曰:"受孙文教令耶?"锡麟曰:"我自为汉种问罪满洲,孙文何等鲰生,能教令我哉!"五月二十七日,虏杀山阴徐锡麟于安庆市,刳其心祭恩铭;而浙江虏官,亦捕杀秋瑾,大通学校遂破坏。锡麟之死年三十五矣!

(章太炎《徐锡麟传》)

英勇就义

徐锡麟乘车,头插亡命旗,绑赴刑场。徐师在东洋车上傲然挺坐,一路高呼:"满虏必灭,汉族必兴。我今在此流下一滴血,势将开花结果。必有无数革命志士踏着血迹而来！推翻虏廷，光复华夏，为期不远了！"徐师的呼声在空中震荡，他的背影随着车轮远去。我等也被押随行。一路上行人目睹此景此情，莫不为之感动流泪。徐师到达刑场，刽子手要他下跪。他昂着拒不下跪，大声斥骂："我不能对满虏下跪！"刽子手一下把徐头砍下，鲜血如泉上涌，刑场上的人顿时悚然色变。刽子手手持钢刀和七寸盘，剖腹挖出心脏。

（朱蕴山：《我的老师徐锡麟》）

同志之牵连

宗汉子者，姓马，名子畦，浙江余姚人，亦徐锡麟之党也。在军械所当场缉获。本年二月间，有人由日本寄来密函一通，报告革命党姓名甚详，其中即有宗汉子名字。当时政府以来函系属匿名，恐有挟嫌诬告情事，故未追究。乃此次竟实有其人，并于身畔搜获宗汉小印，直认不讳，现已由江督皖抚议定治以死置。

按：马宗汉，与徐锡麟、陈伯平并称浙东三烈士。兹辑轶事数条备考。一、（马宗汉）天姿英发，童时见乡民捉一人来，实良善，即入求祖庭出，一言立解。长，成诸生，意气自期。一、闻人诵岳鄂王词，欣欣若有得，曰：长大亦当如是。及长，读史传，益感慨以破虏自誓，潜结少年有志者数人。一、与同志设立之山蒙学校，自督教之，诏之亡国之痛，异族之祸，弟子皆泣下，莫能仰视。常购近人言光复书，散之内地。浙江所以多义旅者，宗汉与有力焉。一、欲赴德意志学习陆军，诸少年留宗汉，欲有所规画。会遭祖丧，遂不行。是时虏廷下诏立宪，宗汉作书辨其妄，然士人多幸爱虏。宗汉发愤疾作。锡麟在安庆，伯平召宗汉偕往。一、临行前与诸生告别，毅然表示："吾此行不能灭虏，终不返也。"马宗汉离家与妻子岑氏作了诀别，叮嘱："吾此行无论事成与否，必难生还，然求仁得仁，固吾素志，无庸为我悲也。二子其善视之，异日成人，嘱其毋忘乃父之志。"一、从徐锡麟赴日本，欲阴求豪杰，所过多大言自矜，宗汉大失望。一、（被捕后，遭到严刑逼供）穷问党与，拷掠楚毒，宗汉佯为逊言抵拦，卒不得一人名。

（毕志社编：《中国革命党大首领徐锡麟》）

革命之余波

一

自皖事出后，江督（端方）之警备益严。一日回辕时，先导至署，传呼伺候大帅回，久之寂然不见其人，忽传大帅回署，或言实由署右侧门趋入，故使人不觉也。江督近来神志不怡，大有挂冠之志，闻已电奏恳请陛见，并保岑云帅（春煊）堪胜此任。

（毕志社编：《中国革命党大首领徐锡麟》）

二

(端方)凡见新客,必先令巡捕搜其人之两袖衣襟,然后准其进见。至偶尔出辕,则马车之前后左右,皆有马队,层层拥护,宴客之举,较前大减。前曾招精于昆曲之毛孝廉,下榻商务局,本拟时时过从,与之研究音乐。自皖事出后,深居简出,并未涉足商园一伸顾曲之雅"。

(毕志社编:《中国革命党大首领徐锡麟》)

疑冢

"有的同学主张多邀些人守在马山,有来掘墓者就同他们干。有的同学不主张这样做,因为敌人人多,又有枪,不能硬拼,结果采取疑塚办法,迷糊敌人。

(王华章:《徐锡麟烈士殉难后的革命余波》)

归葬

一

民国元年,浙人奉公遗骸归葬西湖。而越中门弟子会葬者,共谋所以留纪念,立徐社建专祠于绍兴。其年六月,奉公栗主入祠,以复汉、宗汉附焉。

(蔡元培:《徐烈士祠堂碑记》)

二

民国改元，浙督蒋尊簋，迎徐榇归葬。葬杭州苏小小墓旁，乡人为之式敬焉。

（潘赞华：《徐锡麟刺杀皖抚恩铭》）

附录一　光复会

光复会之起源

光复会成于甲辰（民前八年）清光绪三十年之冬，而源流则出自癸卯（民前九年）清光绪二十九年留日学生所设军国民教育会，先是章炳麟、秦力山、冯自由等所发起之支那亡国纪念会既遭日本政府解散，留日学生董鸿祎、叶澜、周宏业、秦毓鎏、王嘉榘、谢晓石、胡景伊、萨端、冯自由、苏子谷诸人乃创设青年会，以为之继，留学团体之揭櫫民族主义为宗旨者，青年会实为滥觞。及癸卯春，俄人迫清廷缔结《满洲条约》，留学界大愤，有志者遂倡议组织义勇队，自行赴满拒敌，学生多签名赞成之，青年会为谋扩张其党势，成入义勇队为干事，后以日政府不许别国人在其国有军事行动，乃改义勇队名目为军国民教育会。旋闻清廷欲逮捕学生请愿代表，各会员以满虏甘心卖国，非从事根本改革，决难自保，于是纷纷归国，企图军事进行。其中有一部组织暗杀团，欲先狙击二三重要满大臣，以为军事进行之声援。所订规章，极为严密，浙江留学生之为团员者数人，龚宝铨其一也。宝铨既返国，遂在沪招集同志组织机关部，时中国教育会会长蔡元培方从青岛归上海，觇知其事，乃求入其会，愿与合作，团员非常欢迎，于是更将规章详加修订，定名曰光复会，又曰复古会。并推举元培为会长，壁垒为之一新。适陶成章自内地再渡日本，道经上海，宝铨与成章为莫逆交，且频年运动会党，咸与共事。元培亦知联络会党非成章莫属，因同约成章入会，成章从之。由是绍兴商学界及各属会党头目相与订盟者，大不乏人，元培以敖嘉熊素负重望，亲至嘉兴邀之订盟，嘉熊许其有事相助，而不入其会，成章尝介绍魏兰入会，因事不果，徐锡麟于是年冬十二月至上海，见元培于爱国女学校，遂亦入会。秋瑾则于丙午（民前六年）冬为反对日政府取缔留学生规则事归国，始由锡麟介绍入会，此光复会成立初期之大概情形也。

光复会与同盟会

当光复会成立之时，正为万福华枪击王之春之时，黄兴、刘揆一等因谋在长沙起事失败，时亦遁上海，谋另组新党，为卷土重来之计，会王之春案起，牵涉新闸路余庆里机关部，黄刘等遂俱匿迹日本，以避其锋。光复会既成立，与会者独浙皖两省志士，而他省不与焉，会长蔡元培闻望素隆，而短于策略，又好学，不耐人事烦扰，故经营数月，会务无大进展，加以敖嘉熊所创设温台处会馆成立未久，浙东各府志士咸荟萃于是，隐然奉嘉熊为领袖，嘉熊既不入光复会，则温台处会馆一日存在，光复会即不能大有施为，势使然也。乙巳（民前七年）四月后嘉熊迭遭家难，所营商业亦复亏折，其创设温台处会馆之原定计划，悉成泡影，而维持经费亦无以为继，因之此会馆遂成无形的解散，陶成章、龚宝铨乃入绍兴，佐徐锡麟侣办大通学校，吕熊祥、赵卓等亦随之行，锡麟素有大志，且勇敢沈毅，为同志所钦仰，其组织大通学校也，即欲利用为起事机关，及既成立，而浙江革命之大本营遂由温台处会馆而移于大通学校，即光复会本部之事权亦已由上海而移于绍兴焉。是时留日十七省革命志士在东京发起中国同盟会已历数月，浙江人入会者有蒋尊簋、秋瑾数人，成章于丙午东渡，旋即加入，且见推为《民报》之发行人，元培于同盟会成立之初，已由本部指定为上海分部创办员，因是光复会员泰半入同盟会籍，独锡麟志大心雄，不欲依人成事，且因捐官办学二事与成章意见不洽，故卒未入会。秋瑾于乙巳七月由冯自由介绍入同盟会，且被推为浙省主盟员，为浙人入同盟会之第二人，是年冬由日返国，复由锡麟介绍入光复会，因与锡麟订约合作，故一切进行规划，咸以光复会名义行之。然于丙午冬萍浏一役前后，同盟会本部派遣归国运动湘鄂苏各省起事之刘道一、杨卓林、孙毓筠，胡瑛诸人，瑾皆与之约期同举，亦概用同盟会章制，则可知是时革命党员对于光复同盟之名义，固无畛域之见也。及萍浏革命军失败，徐秋二人遂协议决用光复军名义在浙皖二省企图大举，不及半载而有安庆绍兴之二役。

大本营之设立

　　光复会之大本营即绍兴大通学校是也，先是徐锡麟尝于癸卯（民前九年）春赴日本观大阪博览会，与陶成章相识，归国后复与嵊县平阳党会首竺绍康相结，寻复入光复会为会员，锡麟所居里曰东浦，其乡人倡办一小学校，名曰热诚。于各普通学科均不共研究，特注重于兵式体操，锡麟偕其友陈志军亲自督率以训练之，又从南京兵轮上雇一军乐家来教授军乐，乡人因之叠生谣诼，锡麟父鸣凤闻而恶之，然本学校系绅士公立，无术可以解散，且又以学生年纪尚小，故暂置之。乙巳三月蔡元培族弟元康自上海至绍兴，告同志以劫钱庄助军需之法，同志均以为然，锡麟闻而识之心中，即向同志许仲卿借银五千元，至上海购买后膛九响枪五十杆，子弹二万颗，声言枪二百杆，子弹二十万，其购此枪也，先向知府熊起蟠领取公文，言明系各学校体操所用，明目张胆雇挑夫十余名，肓过杭城，警吏皆不过问，既至绍兴，乃寄存于府学校，复往嵊县请竺绍康选同志中之强有力者二十人，派赴绍兴，每人给费二十元，遂回东浦与志军等商议，欲立一学校以为此二十人容身之所，且为藏赃之地，就商于东浦附近大通桥旁大通寺方丈，借其屋宇数间以为开办学校之用，事为锡麟父所闻，即言于该寺方丈，不许借屋宇以与其子，正徘徊间，而陶成章、龚宝铨自嘉兴来，乃共同商议至府城谒豫仓董事徐贻孙，商借豫仓空屋数间，为开办学校之用，贻孙从之，锡麟父闻而莫如之何，遂将存寄于府学校枪杆尽数移至豫仓，绍康偕其徒二十人，如约而至，择日开办学校，资由许仲卿出，仍其旧名曰大通学校，是时敖嘉熊所办温台处会馆经费支绌，势将停顿，成章乃招吕熊祥、赵卓等先后入绍兴襄理大通学校事，于八月二十五日开学，会稽平水人陈伯平新自福建还，闻其事亦来入学，锡麟开办大通学校之本意，原为劫钱庄助军需匿伏藏获之所，嗣以同志中无能通驾驶术者，遂罢其事。锡麟又欲于开学日集绍兴城大小清吏尽杀之，因以起义，请成章以告各府党人咸为同时响应，成章以浙江非冲要地，欲在浙江起事，非先上通安徽，并以暗杀扰乱南京不可，因力劝之而止，成章主议改成师范学校，设体操专修科，不论其为何府县人，皆可入学，因亲至杭州学务处递禀，请其转达三司，谓东西洋各国尽征民兵，号曰国民军，然皆系中学校及高等小学校卒业者，兵式体操之有素，故一行号召，即能成军，照我国目前情形，不能不行征兵之制，然市民村乡罔识步伐，据生等意，以谓欲行征兵，须先倡团练以为基础，今特设立大通师范学校，内设体操专修科，凡有志者均可入学，六月毕业，即行各归本乡倡办团练，以为征兵预备。清吏信为然，可其请，成章、宝铨、熊祥二人复遍游诸暨永康缙云金华富阳各县，邀诸会党头目至大通学堂学习兵操，于是金处绍三府会党到大通受兵式教练者，络绎不绝，成章乃又为厘定规约数条，凡本学堂卒业者即受本校办事人之节制，本学校学生成为光复会会员，凡党人来者仅习兵式体操专修科，均以六月毕业，文凭由绍兴发给，面上盖有绍府及山阴、会稽两县印，又盖大通学校图章于末，背面则记以秘密暗号，其开校及卒业时，悉请本城官吏及各有名士绅到校行开学及卒业式,设燕飨之礼，官绅学生同照一相，送府县及各学校留纪念，凡所以挟制官场士绅学界之法，无不详细周到，故是时同乡士绅虽有窃窃私议者，然皆不敢直言招祸，其后本校发生各种之风潮，皆能屹不为动，亦即因是之故，至皖案发后，学校随之破坏，而旧日入学之学生亦缘是关系，不致横被株连。

捐官之计划

大通学校成立后数月，成章见绍兴同志中颇有资本家，复提议捐官学习陆军，谋握军权，出清政府不意，行中央革命及袭取重镇二法，以为捣穴覆巢之计。锡麟韪其说，相约五人捐官学陆军，五人者何，即徐锡麟、陶成章、龚宅锋、陈志军、陈德谷也，以年齿高下，锡麟为长，成章次之，志军、德谷又次之，宝铨居末，由锡麟运动许仲卿出资，遂往湖北谒其戚原任湖南巡抚俞廉三，是时廉三正欲得浙江铁路总理之职，又素以顽固为人所唾弃，思欲一雪其耻，锡麟知其隐衷，即以此两端话之，廉三中其说。因为代纳粟捐官。复致函介绍于署浙抚满将军寿山。锡麟既归浙江，遂造抚院谒寿山，觇知其愚而贪，乘其言词吞吐之际，即纳贿三千金，寿山嘱幕友批准五人学习陆军之禀，复为致一函于驻日公使杨枢，新浙抚张曾敭从湖北起辕时，廉三复再三重托之，谓锡麟系其表侄，余人则均为其好友，锡麟等遂先后至日本，同行者除其妻振汉外，有陈伯平、马宗汉等十三人。既抵东京，锡麟以短视不合军人资格见拒，乃改谋入陆军经理学校，复不得，遂又拟学习警政，并谋陆军学校及军正司令等差使，成章谓非直接统军不能行事，否则结合暗杀团，以扰乱北京，亦是一计，议久不洽。先是锡麟等离绍兴时，以校内经理事宜托之曹钦熙，照料金处两府学生事宜托之吕熊祥，原约六月毕业后，体操班即行停止。届期诸生咸如约归里，或办体育会，或开团练局，成章欲乘时闭歇，以免日后之破露，因是与锡麟等意见又不洽，绍康、熊祥、卓等亦欲借此多制造军事人才，均不愿停办，于是再由绍康等各转招其徒党到大通学校开体操班，一仍前日之旧，是为丙午三四月间事。未几成章以疾偕宝铨归国，养疴于西湖之白云庵，熊祥自绍兴来见，成章力言欲兴革命军，非可以学校为大本营，学校不过为造就人材计，今人材已足，不若归乡倡办团练，然熊祥等均不能用其言也。是时锡麟已先同上海，至湖北见廉三，又归浙江见寿山，寿山又为之介绍于其岳庆亲王奕劻，廉三又为锡麒言之于张之洞，之洞亦为介绍于袁世凯，世凯疑之，拒不见，本欲需次湖北，因安徽巡抚恩铭在山西为知府时，颇得廉三青目，相结为师生，又系奕劻之婿，与寿山为连襟，故遂改省分发安徽。引见后，特至满洲见侠客冯麟阁，寻归浙江见张曾敭，曾敭亦已疑之，不之见，乃往安徽候补，借廉三引荐力，因得武备学校副总办差，是时已为丙午之冬间矣。

大通学校之风潮

大通学校初建时，徐锡麟、陶成章等料理内外一切事务，规则极为整肃，绅学两界均无间然，及诸人赴日本，锡麟以校事托之曹钦熙，钦熙一老书生，不识党会情形，未能处理之，然诸人之遗规犹存，故延至第一班学生毕业时，尚不至大起风潮，及第二班学生牛业后，复由竺绍康、吕熊祥、赵卓诸人另招各府生徒来入学，绍康、熊祥本非郡城人士，因与本地学界不甚和洽，其校内学生亦渐生主客之嫌。钦熙辞职，余静夫为总理，静夫局外人，校中党人以为不便而攻去之，旋由绍康介绍其友姚定生来代静夫为总理，定生于会党情形亦不熟悉，由是学校内风潮汹涌，学生分两派，一派袒定生，一派攻定生，其始仅口舌相争，争之不已，竟至执刀械斗，继乃持刀出校横行街市，各自寻仇斗殴，官绅学生咸莫敢过问，寻有人为之调解，定生辞去总理，其事始平，职是之故，外人咸目之曰强盗学堂，是为丙午九月间事。丁未（民前五年）正月诸办事人请秋瑾主持校事，瑾乃设体育会，欲令女学生皆习兵式体操，己为督率，编成女国民军，绅学两界皆反对之，女学生亦无至者，瑾不得已，乃多招金处绍三府党会头目数十人来体育会学习兵操，学生群至野外练习开枪，于是二万之子弹骤减至六七千粒，瑾亦自著男子体操军衣，乘马出入城中，士绅咸不悦瑾所为，群起而与之为难，瑾有众学生后援，与诸士绅力争，士绅虽不能敌，而其恨益滋矣。当锡麟等赴日之后，校中师生与光复会之关系日渐疏远，嗣秋瑾来主是校，亟亟以发展党势为务，而其势始一振。丁未三月，清吏闻有革命党人啸聚于大通学校，乃假盘察仓谷之名至绍兴密访，办事诸人闻信，即将一切机密文件及枪械移至他处，清吏盘察一无所得，徒手而归，于是秋瑾更得从容布置为所欲为矣。

安庆起事之失败

徐锡麟莅皖后，以见知于恩铭，迭获军警要差，方谓权势日重，大有可为，然转不能见谅于光复会各同志，盖陶成章、龚宝铨等以锡麟求进太速，疑为功名心重，宗旨不定，渐非议之，而成章反对尤力，锡麟不为少动，仍进行不辍，是时皖省尚无光复会之组织，军学界中赞成革命者，寥寥可数。独芜湖有安徽公学，始制于甲辰年冬，刘光汉、陶成章、龚宝铨、张通典、段昭、柏文蔚、陈由己诸人先后讲学其间，提倡民族主义，不遗余力，皖人之倾向革命，实以该校为最早。锡麟莅皖时，张通典方任芜湖中学监督，皖中党员咸假该校为活动机关，以故锡麟在安庆进行诸事亦大得其力，又有湘人张伯寅者，世居安庆，与锡麟为莫逆交，有大宅在城内，锡麟每次开会，常假张宅为会场，皖省同志如兵备处提调胡维栋、马营排长常恒芳、督练公所学员龚镇鹏、兵弁孙希武诸人，皆与往还，惟锡麟作事深沈，机不外露，以同志陶成章等之见疑，益滋戒惧。居皖半年，对于光复会事务从未实行推广，会友之投皖相助者，亦只陈伯平、马宗汉二人，每值星期日虽常召集巡警学堂教员学生于讲堂为爱国之演说，然其意在灌输最新智识，以激荡思潮，而于种族之大义特隐隐流露于词气之间而已。校中生徒闻其纵谈时事，莫不奋发，然亦多莫明其宗旨之所在，盖锡麟办事与秋瑾不同，秋瑾性情豪迈，不畏人言，主持大通学校不过数月，而校中生徒及所联络之会党头目，皆令一律入光复会，故会务进步极速，而革命之风声大露，锡麟则条理细密，措施审慎，其初对于安庆军学界中同志，以关系尚浅，既不敢与商机密，即在光复会旧友，除在浙之秋瑾等数人外，亦鲜与联络，及改任巡警处会办事及巡警学堂堂长，恩铭且为之奏请加二品衔，始渐著手于实行工作。时江督端方防范革党至严，屡电皖抚，使协同购缉，锡麟恐日久生变，乃密约瑾克期举事，且邀浙沪及侨日光复会员之健者迅速赴浙相助为理，期五月二十八日，是日为省中大小官吏齐集警察学堂观毕业式之期，预期可以一网打尽，讵恩铭忽下令改期二十六日，锡麟虑事泄，乃不待各地同志集合，即皖城军界同志亦未与闻，遽与陈伯平、马宗汉仓卒发难，于行礼时枪击恩铭于讲堂，死之，遂率学生占领军械局，以弹缺援绝被逮，为清吏所杀，伯平、宗汉亦同殉焉。说者谓设使恩铭不改期，则各地同志可依时集合，为锡麟助，观礼时大可一网尽之，无或幸免，如是则全城无主，锡麟可以发号施令，为所欲为，其成效当不止此。理或然欤。

浙省起事之失败

秋瑾以丙午年十二月十九日偕王文庆到金华兰溪见蒋乐山，是为运动秘密会党之始。翌年丁未正月复任大通学堂总理，遂再事秘密会党运动，由诸暨道义乌至金华府城见徐买儿、徐顺达，复欲见张恭，不果而去。三月初旬复出诸暨道东阳，过永康，以入缙云，寻归绍城，以函召金处各会党头目入绍兴计事，并令加入光复会为会员，初欲于四月间起兵，寻改五月初旬，复亲至杭城运动军学两界，使为内应预备，未几，复又改师期为五月二十六日，且另订战时军队规则，未及颁布，而难已作矣。事详瑾本传，此外嵊县、武义、金华、兰溪各地亦先后失败，清吏大索首要，株连极众，各地会党头目殉难者大不乏人，其幸免者，亦多远游海外，暂避凶锋，光复会经此一役，元气大丧，殆呈一蹶不振之象。

党人之生死

皖浙两案事发，清廷震恐，各疆吏于是大兴党狱，缇骑四出，党人先后殉难者，指不胜屈，最著者，则有徐锡麟、陈伯平、马宗汉、秋瑾、刘耀勋、徐顺达、张篆飞、裘文高、大开聂、李唐倪、金高达、高逵、吕观兴、邵荣、王汝槐、裘小高、张岳云、余孟亭、夏竹林、张蓬莱等百除人。前后战死者几达千人，而被累死者不计焉。皖案各处购拿者，在长江上下诸省，则有徐振汉（即徐王氏，锡麟之妻）、沈钧业、方世钧、陶成章、陈志军、陈德谷、龚味荪等七人。浙案浙东各府查拿者，则有张恭、沈荣古、周金海、倪国圻、阿根、施炳奎、李买儿、金阿秋、徐顺年、陈锡铨、徐大买儿、阿牛、吕阿荣、章钰昌、水木癞子、方汝林、赵密甫、邹克宽等十八人。金华处州三府特别购拿者七人，竺绍康、壬金发、吕逢樵、赵密甫、裘文高、张岳云、陶成章等。南京特电上海严拿者二人，陶成章、龚味荪。戊申十二月南京特电各省查拿者四人，张恭、王金发、竺绍康、陶成章。

南洋之光复会

皖浙两案起于中国同盟会成立后第三年，时章炳麟已出狱东渡，陶成章亦在日本，二人均任同盟会及《民报》重要职务，故《民报》载徐锡麟，秋瑾起义事独详，而光复会员亦多隶于同盟会籍。丁未以后，陶成章、王文庆、沈钧业、魏兰诸人以党祸先后避南洋，成章迭任新加坡《中兴报》、仰光《光华报》记者，文庆、钧业、兰等亦任荷属学校教员，成章因与同盟会干部意见不洽，乃重组光复会于南洋英荷两属，遥戴章炳麟为会长，并发售江浙皖赣闽五省革命债券。各省同盟会员之失意者纷然和之,于是各埠分部陆续成立。新加坡有许雪秋、陈芸生,泗水有沈钧业、王文庆及蒋报和、报礼昆仲,文岛槟港有李柱中、曾连庆、李天邻,尤以潮嘉两府人物为特盛,盖潮州人许雪秋等于潮汕失败后群聚南洋,对十孙总理左右颇多非议,会其时陶成章组织光复会,以反对同盟会干部为号召,雪秋、芸生等深表同情,由是光复会势力为之一振。戊申(民前四年)河口之役,总理尝派汪精卫、邓子瑜二人至荷属文岛筹款接济,大受当地光复会员排击,收效甚微,精卫所以愤然入京躬行暗杀,即受是役刺激所致云。

李柱中与光复会

李柱中号燮和,湖南同盟会员之健者也,甲辰长沙之役及丙午萍浏之役,均参与其事,清吏尝悬赏缉之。丁未春间自日本至香港访黄克强,有所计划,旋应荷属文岛槟港中华学校之聘,充教员数载,深得华侨信仰,陶成章在南洋发起光复会,大得其力。庚戌(民前二年)秋间黄克强南游,力劝柱中及文岛诸同志消除意见,为国合作,柱中等素敬仰克强,从之,故辛亥三月二十九之役,荷属华侨亦慨助巨款,柱中与有力焉。柱中旋偕陈方度诸人至广州诈炸巡警道王秉恩,以响应义师,因举事延期而止,后由同乡张通典援助出险。

上海之光复军

辛亥九月十三日上海反正之役,陈其美与李柱中同为主动,柱中运动湘籍防军，亦甚得力，其美先率民军敢死队张承桶等冒险攻江南制造局，为清军所擒，柱中闻警，乃使预约之防军陈汉钦部立即反正，出陈于险，事定后，其美被推为沪军都督，驻吴淞粤军济字营与柱中早有联络，亦同日反正，推柱中为吴淞军政分府，称光复军，即以光复会统系得名。

光复会之结局

辛亥革命军起，光复会员在各省统领军队者，浙江有浙军总司令朱瑞，江苏有吴淞光复军司令李柱中，广东有汕头民军司令许雪秋、陈芸生。自陶成章在上海医院被刺，遂丧失其主脑，势渐瓦解，朱瑞旋任浙江都督，以疾去世，李柱中解职闲居，后为洪宪请愿帝制六君子之一，许雪秋、陈芸生在汕头，与同盟会员之领军者不合，势成水火，时孙大总统尝一度致电粤督陈炯明为之排解，其后雪秋、芸生卒不免为清总兵吴祥达所杀，兹附录民元南京政府为排解同盟光复两会争端事致粤督及同盟会电如下：

> 广东陈竞存都督及中国同盟会公鉴，近闻在岭东之同盟会光复会不能调和，日生轧轹，按同盟光复二会在昔同为革命党之团体，光复会初设实在上海，无过四五十人，其后同盟会兴于东京，光复会亦渐涣散，二党宗旨初无大异，特民生主义之说稍殊耳，最后同盟会行及岭外，外暨南洋，光复会亦继续前途，以南部为根基，推东京为主干，当其初兴，入会者本无争竞，不意推行岭表，渐有差池，

盖不图其实际,惟以名号为争端,则二会之公咎也,同盟会实行革命之历史,粤人知之较详,不待论述,光复会有徐锡麟之杀恩铭,熊成基之袭安庆,近者攻上海,复浙江,下金陵,则光复会新旧部人皆与有力,其功表见于天下,两会欣戴宗国,同仇建房,非只良友,有如弟昆,纵前兹一二首领政见稍殊,初无关于全体,今兹民国新立,建房未平,正宜协力同心,以达共同之目的,岂有猜贰而生阋墙,为此驰电传知,应随时由贵都督解释调处,同盟光复二会会员尤宜共知此义,虽或有少数人之冲突,亦不可不慎其微渐,以免党见横生,而负一般社会之期许,切切。总统孙文。

正月三十日

(冯自由:《革命逸史》)

附录二 光复军大元帅徐锡麟

徐锡麟略历

徐锡麟字伯荪，浙江会稽东捕乡人也，幼矫虔器，过手辄毁，父憎之，年十二挺走钱塘为沙门，家人纵迹得之以归。读书慧，善算术，尤明天官，中夜常危视列宿，所图天象甚众，又自为浑天仪，径三尺，及所造学校地势图，然未尝从师受也。稍长习田农事，闻崑山多圹土，欲往开治不果，旋以诸生中副榜，既复悔之，乃专从事教育。尤热心桑梓公益，创办之始，邑人啧有烦言，久之渐钦共识。庚子（民前十二年）义和拳起于北方，锡麟在乡谋办团练，为人所尼中止。辛丑（民前十一年）九月锡麟见举为绍兴府学校算学讲师，知府熊起蟠敬重锡麟学问，招为门下，仟之甚专，锡麟由是得发抒其才，寻转副监督。在校四年，弟子益亲如家人，曾乘间至日本考察大阪博览会，顺道游东京，是时正值俄约问题兴起，留学生自编义勇队，受日政府干涉，改名军国民教育会，浙江学生因章炳麟言革命入狱事，开会于牛込区赤城元町清风亭，锡麟出资赞助其事，会所中遇陶成章、龚宝铨，相谈颇洽，散会后即偕其徒张某访成章于驹込追分町浪花馆，成章导之以见松江钮永建，相谈宇内之大势，锡麟大悦，颠覆清政府之念由此益专，遂购图书刀剑以归。归益尽力公事，与同志数人建蒙学于东浦，名曰热诚，又规建越群公学，复设一书局，遍置各种书籍。号曰特别书局，欲以其所出书强售各学校，为人所挤，退副监督任。锡麟尝置一短铳，行动与俱，俄人既寇辽东，锡麟闻之恸哭。画俄人为的，自注丸射之。一日辄试铳数十次，由是枪术至精，弹无虚发，其狙击国仇之素志，盖非一朝一夕矣。

革命之经营

甲辰（民前八年）冬，锡麟以事过上海，寓于五马路周昌记，因至虹口爱国女学校访蔡元培，陶成章亦在焉，时元培与皖宁诸志士组织一秘密会，名曰光复，邀锡麟入会，从之，成章因尽以己所经营者告之，锡麟归绍兴，乃从事于会党之联络，尽交其酋豪，旁及金华诸府，由是草泽间往往知其名，次年正月与弟子数人游行诸暨、嵊县、义乌、东阳四县，自东阳至缙云，昼行百里，夜止丛社，几及二月，多交其地奇才力士，归语人曰，游历数县得俊民数十，知中国尚可为也。初绍兴城中有大善寺，天主教会欲得之，阴构诸无赖，胁寺僧署质券，为赁于教会者，绍兴士大夫皆怒弗敢言，锡麟愤而登坛宣说抗拒状，众欢踊，卒毁券，教会谋益衰。锡麟念士气屡弱，倡体育会，月聚诸校弟子数百人习手臂注射，复以浙省会党知识浅暗，非加之教练，以兵法部勒，不能为用，乃与成章宝铨等建立大通师范学校于绍兴，于普通科目外，尤重兵式体操，六阅月而课毕，由是绿林豪杰麕集其间，而势力亦益盛，官吏莫之知也。

军政界之活动

大通学校成立后一年，陶成章提议捐官图得政权之策。谓不入虎穴，焉得虎子，锡麟、宝铨成赞成之，因向富户许仲卿假资，前后得金五万元，锡麟捐纳道员，成章、宝铨及陈志军、陈德谷等亦各获知府同知等职。锡麟遂偕马宗汉等十三人赴日本，因外务省通商局长石井菊次郎之绍介，求入联队，不许，欲入振武学校，以短视不及格，居数月归国。是时章炳麟系上海狱二载，将届期满，风传清吏将行贿狱卒毒杀之，锡麟为之奔走调护，设百计以谋出之，不得，复东渡日本，与成章、陈伯平等图入陆军经理学校又不成。时嘱其友某学造纸币，曰军兴饷匮，势将钞略，钞略则病民，亦自败，洪秀全事可鉴也，今计莫如散军用票，事成以次收之，然军用票易作伪，宜习其雕文纤镂，令难作易辨，子勉学之，议既成，遂与陈伯平、马宗汉归国，旋偕曹钦熙北上，出山海关，遍走辽东吉林诸部，至辄览其山川形势，见侠客冯麟阁，与语甚洽。是岁淮安徐海大饥，锡麟援例加纳捐资，以道员赴安徽试用，锡麟志在攫得政权，倾覆满虏，故初得道员，对于各省督抚无所不游说，自袁世凯张之洞及浙江巡抚张曾敫、湖南巡抚俞廉三皆中其说，为通关节书，镇浙将军满人寿山亦受锡麟倭刀，为其用。乙巳（民前七年）冬到安徽，岁暮即主陆军中学，逾年移主巡警学校，日中戎服自督课，暮即置酒请诸军将士，又买衣服给弹丸，诸生益尊崇锡麟，虽军士亦多欲附者矣。安徽巡抚恩铭谓锡麟能，奏请加二品衔，然闻人言日本学生多隐谋，稍忌之。先是锡麟初至安庆，所得武备学校差使，每月所入不过数十金，不敷所用，乃遣其妻归乡，又以未娴官场陋仪，屡为同僚所窃笑，欲联结兵营，则又口操绍兴上音，事多隔阂，郁郁不自得，屡欲掉首返浙，同乡僚属劝留之，锡麟亦以与浙抚张曾敭交涉已稍有破裂，恐归杭城，亦复难收效果。正在徘徊观望间，俞廉三又以函嘱恩铭，称锡麟有才，务加重用。恩铭答廉三，以门生正欲重用之，毋劳老师悬念等语，遂即改徐为警察会办，所入较多，锡麟因得稍行布置，寻恩铭又加授锡麟以陆军学校监督之责，因其行为奇特，为收支委员顾松所疑，谗之恩铭。恩铭不信，召锡麟戏之曰，人言汝革命党，汝其好自为之。锡麟答曰，大帅明鉴。自是锡麟内不自安，而急欲发动之心与时俱进矣。

先期发难之原因

锡麟与秋瑾原有皖浙二省同时起事之约，时秋瑾在浙运动已告成熟，遂派陈伯平数数往来皖浙之间，约锡麟克日大举，五月初旬，伯平偕马宗汉同至安庆，寓于锡麟公馆，日使谋起革命军，尚未有成议。十二日伯平、宗汉至沪，瑾自绍兴来，告伯平以危机已露，并订五月二十六日师期，伯平即以函告锡麟，未几遂与宗汉乘轮返安庆，锡麟先接伯平信，知事已露，不能中止，然欲后浙江师期二日举事，因恩铭欲赴其幕友张次山母八旬寿辰，而张母生日适为五月二十八日，锡麟不得已乃改为二十六日。锡麟之不能稍忍须臾以待时机者，非仅为浙江师期之约故也，先是沪上侦探捕获党人叶仰高，仰高景宁人，吕熊祥之同乡也，因与熊祥有交，得略识光复会秘密内情。既为侦探所获，递解至南京，端方派员讯问，仰高将所知者姓名供出，且言已入官场，然仰高之所供，又非其人之真名，乃系会友函件往来及外人交涉所假定之别号，是为店名，并非人名，然又取其与人名相近似者。端方不知其故，即将此等姓名电告恩铭，嘱其严拿，恩铭以锡麟为警察会办，召与商议，即以端方之电文示锡麟，而不知其间之一人，即系锡麟之别号。乃佯为不知，即辞恩铭归堂，召巡警数名，授以恩铭所授人名一纸，使其细为察访。于是而复恩铭云，职道已派人查拿去矣，恩铭信之不疑。锡麟知事机已迫，稍一退步，前功尽弃，屡欲乘机起事，既闻浙江之约，乃决计先杀恩铭，以求一逞，又以其时皖省虽有常备军两标，其第一标方从事于操练，未发枪械，第二标又悉新征之兵，不谙操法，缉捕巡防各队兵单人少，其余绿营则行伍空虚，未经训练，无事坐食而已，故在此时发难，亦为机不可失，于是阴约各机关速为准备。订期五月二十八日同举。

起事之计划

二十八日本为巡警学堂兵生班举行毕业式之期，连日校中考试将竣，照常应由巡抚亲临大考，以便拨充站岗，为东西两区巡警地步，徐锡麟即欲于是日尽杀恩铭及诸满员，此外文武各官可以不鞭而驱，不策而驰，事定即溯江直下，袭取南京为根据地，会恩铭以二十八日须祝幕府张次山母寿，令改期二十六日，锡麟言为期太促，赶办不及，恩铭传收支员顾松问之，松唯唯从命，锡麟虑坚持则谋将泄，而从之则后援尚未至，顾业已无可如何，不如先发以待天命，遂从之。期近，日召诸生演说时事，慷慨激昂，继之涕泣，惟以时日太促，所约他处同志多未至，而皖中同志某某等则以关系尚浅，未敢预约，与密谋者仅伯平、宗汉数人而已。二十六日晨，锡麟早起，偕伯平、宗汉到巡警学校，召集学生演说，谓我此次来安庆，专为救国，并非为功名富贵到此，诸位也总不要忘救国二字，行止坐卧咸不可忘，如忘救国二字，便不成人格。反复数千言，淋漓痛快，闻者悚然，然众学生咸不察其命意之所在。既而又曰，余自到校以来，为日未久，与诸君相处，感情可谓和洽，余于救国二字不敢自处于安全之地位，故有特别意见，再有特别办法，拟从今日实行，诸君当谅余心，务祈有以佐余而量力行之，是余所仰望于诸君子也。语毕而退。

枪击恩铭时情形

是日晨八时，恩铭即到校，为时特早，未几三司道府县各印委人员五十余先后至，九时恩铭将升座阅外场操演，锡麟请先考内场功课，恩铭率司道等人第三进礼堂，锡麟戎服立阶上，伯平、宗汉立堂侧，先由官生等列队行鞠躬礼，恩铭甫回答毕，兵生正拟行礼，锡麟遽向前行举手礼，随呈学生名册于案上，即云：回大帅，今日有革命党起事。盖与伯平、宗汉二人预约之暗号也。恩铭方愕然，询曰：徐会办从何得此信。语未毕，伯平上前猛向恩铭掷一炸弹，小爆发，恩铭惊起，锡麟曰：大帅勿惊，这个革命党，职道终当为大帅拿到。恩铭曰：何人？锡麟即俯首向靴统内拔出手枪两枝，握左右手向恩铭施放，曰：即职道也。恩铭惊骇问曰：会办持枪何用，岂要呈验乎。语未毕，而子弹已至，文武两巡捕摇手阻止之，而弹亦至，锡麟之本意欲以一枪击死恩铭，当即转向左以击藩司，复向右以击臬司。而令伯平、宗汉分击两旁侍立之各道府州县官，不料其眼近视，不能识其命中与否，遂向恩铭乱放，伯平、宗汉亦随之而乱放，恩铭身中七枪，一中唇，二穿左手掌心，三中左腰际，余中左右腿，皆非致命伤也。文巡捕陆永颐、武巡捕车德文护卫恩铭不去，锡麟用枪击恩铭时，永颐以身翼之，身受五枪，均中要害，德文亦受重伤，弹尽，锡麟归空内装弹，恩铭左右背负恩铭将逸出，伯平自后追放一枪，由尾闾上穿心际，藩司冯煦命戈什背负恩铭入轿中，两足拖于轿外，狼狈抬回抚署，恩铭犹能大呼务将锡麟拿获收监。司监文武各官，道员巢凤仪伤腿，首府龚镇湘伤背，余皆乘机溃走，或由后院折墙而出，或由前门逸去，锡麟先命门者关门，门者不从命，致诸官得以逃走，锡麟怒击杀门者，顾松已逃至门外，由宗汉捉回，叱令跪，松叩头乞命，锡麟叱为奸细，连劈数刀不死，由宗汉用枪毙之。恩铭既回署，立延教会同仁医院英医生戴璜，命取出子弹，戴璜答以非剖腹不能出之，恩铭时已不能言，惟以手指腹，促其速割，乃一剖再剖，不见弹之所在，未几遂死。

拒战及被擒情形

当变起时，人情恐慌特甚，锡麟手握双枪，从容施放，口中犹称大帅放心。故礼堂以外，皆不知枪声所自起，一闻刺客二字，各官乃鸟兽散，多不知是锡麟所为也。恩铭既逸出，锡麟即拔刀临礼堂，拍案大呼曰：抚台已被刺，我们去捉奸细，快从我革命。诸生惊愕不知所为，锡麟率伯平、宗汉二人，左执刀，右持枪，横目视诸生，大呼立正，向左转，开步走。各学生从锡麟出校，欲先至抚署，闻已有备，乃折回至军械所。锡麟领前，宗汉居中，伯平殿后，其在锡麟后之学生均弃枪逸去，从入军械所者三十余人，军械局提调候补道周家煜投库钥沟中而逃，锡麟入据后，命伯平守前门，宗汉守后门，将护勇尽行杀死，令学生取局中所存新旧各枪炮试用，皆不得手，复命开仓取枪杆子弹，以觅匙不得，莫能为用，仅将巨炮五门运出装子弹，亦缺去机铁一块，遍寻无着。时藩臬各司购捕锡麟，悬赏至三千金，顷之义加至七千金，锡麟因虚有枪炮，无所用之，正躁急间，清兵已至，初至者为新军，其队官与锡麟颇有交谊，与锡麟部各举枪行礼，殊无敌意，继至者为巡防营，统兵者缉捕营管带杜春林中军兼巡防营标统刘贞等，向锡麟部取攻势，锡麟督学生拒战，自十二点钟起直至四点钟止，伯平死，宗汉谓锡麟曰：事已无成，不若焚去此军械局与清兵同烬。锡麟曰：我辈所欲杀者满人，若焚去军械局，即是不辨黑白，全城俱烬矣。遂不许。未几清兵破墙而入，缉捕营勇死者三名，伤者数十人，学生死者一名，伤者数人，军械所库房坚固，未易攻破，清兵多不敢上前，藩司冯煦派道员黄润九、邑令劳文琦前往督催，依然不进。冯煦乃出示，获锡麟者赏万金，于是各告奋勇，将军械所打开，竟无一人在内，但见锡麟军帽戎衣而已，知已改装出走。报至抚署，清吏各相顾失色，寻为哨弁杜某弋获于军械第三重室内，宗汉去半道亦被逮，先后捕系学生及役夫二十一人，复于巡警学堂锡麟寝室内起出光复军大旗一面，上书四言韵语，寓光复起义之意，子弹四箱，枪械多枝，刀三十把，讨虏大元帅印一颗，光复会军政府告示百余张，并党人书信八件，又在锡瞵公馆搜获炸弹数枚，书信多件，中以沈钧业及其弟伟函件为最多。是役也，清吏死者即为恩铭、顾松、陆永颐诸人，受伤者有巢凤仪、龚镇湘诸人，学生死者三人，伤者数人，清兵死者百余人，革命党人之死者仅有三人，即锡麟、伯平、宗汉是也。

审讯及供词

锡麟解至督练所，即由抚幕张次山、藩司冯煦、臬司联裕同讯。联令锡麟跪，锡麟曰：尔还在洋洋得意，若慢走一刻即被余杀。冯煦曰：中丞为汝之恩师，汝何无心肝乃尔。锡麟曰：彼待我诚厚，然私惠也，我之刺彼，乃天下之公愤也。煦又问曰：尔究系孙文之党否。曰：孙文不足以指挥我，此事仅我与我友宗汉子光复子所为，其随攻军械所之学生实不知情，当时我以枪迫之，不得已而随行，我之罪，我一人当之，寸磔我身可矣，幸毋累他人。因问曰：新甫（恩铭字）死未。臬司联裕绐之曰：未也，仅受微伤耳，经医诊治已全愈，明日当亲自讯尔。锡麟闻言，垂首不语。联裕又曰：尔知罪否，明日当剖尔心肝矣。锡麟悟而大笑曰：然则新甫死矣。新甫死，我志偿，我志既偿，即碎我身为千万片，亦所不惜，区区心肝，何屑顾及。且指联裕曰：尔幸不死。联裕大震几踣。既而曰：杀尔固无济，即不济，尔庸何伤,我本拟先杀恩铭,次端方,次铁良、良弼。冯煦曰:尔平日常谒见抚台,而不击之于私室,乃至今日始击之,何也。曰:署中私室,学堂公地,大丈夫作事须令众日昭彰。又问其同党共有若干,坚不答。更问教习中有同谋者否?曰此辈为衣食起见,无一足与谋者。因授以纸笔,谓曰:请自书数语备作供词可乎?曰:可。其供词经清吏发表如左:

我本革命党首领,以道员就官安徽,专为排满而来,投身政界,使人无可防觉。满人虏我汉族将近三百年矣,观其表面立宪,不过牢笼天下人心,实主中央集权,可以膨胀权势,然实满人之妄想,以为一立宪即不能革命。殊不知中国人程度不够立宪,以我理想,立宪是万万做不到,若以中央集权为立宪,越立宪,我汉人越死得快,我只拿定革命宗旨,一旦乘时而起,杀尽满人,自然汉人强盛,再图立宪不迟,我蓄志排满已十余年矣,今日始达目的。本拟杀恩铭,再杀端方、铁良、良弼。为汉人复仇。乃竟于杀恩铭后,即被拿获,实难满意,我今日之意,仅欲杀恩铭与毓钟山(名秀)耳,恩铭已击死,可惜便宜毓钟山,此外各员均系误伤。惟顾松系汉奸,他说会办谋反,所以将他杀死。赵廷玺他要拿我,故我亦欲击之,惜彼走脱耳。尔言抚台是好官,待我甚厚,诚然,但我既以排满为宗旨,即不能问满人作官之好坏。至于抚台厚我,系属个人私惠,我杀抚台乃是排满公理,此举本拟缓图,因抚台近日稽查革命党甚严,又当面嘱我拿革命党首领,恐遭其害,故先发以制之,且欲当众将他杀死,此外文武官吏不能不服从我，直下南京，可以势如破竹，我从此可享大名，此实我最得意之事。尔等再三言我密友二人，现已一并拿获，均不肯供出姓名，将来不能与我大名并垂不朽，未免可惜，所论亦是，但此二人实有学问，在日本均知名，以我所闻，在军械所击死者为光复子陈伯平，此实我之良友，被获者或系我友宗汉子，向以别号称，并无真姓名，若尔所说已获之黄复虽系浙人，我不相识，众学生程度太低，无一可用之人，均不知情，尔等杀我，剁我两手两足，将我全身砍碎均可，不要冤杀学生，彼等皆是为我诱逼使然，革命党虽多，在安庆者实我一人为排满事欲创光复军，助我者仅光复子宗汉子二人，不可拖累无辜。我与孙文宗旨不合，他也不配使我行刺，我自知即死，将我宗旨大要亲书数语，使天下后世皆知我名，不胜荣幸之至。

供毕，清吏复讯马宗汉，宗汉不屈。后经审问多次，乃供云：

马宗汉，字子畦，年二十四岁，浙江余姚县人，胞伯叔马斌系两榜进士，补广东德庆州署鹤山县，殉难。祖名道传，祖母徐氏。父名云骧，曾入学。母陆氏。祖父已故，父母俱存。娶妻岑氏。兄弟二人，兄名宗周。我二十一岁蒙陈学台考取入学，我三十一年岁底出洋，到东京进早稻田大学预备科，去岁三月因接家书祖母病重，即乘轮回浙。与同里的陈伯平结伴，同坐三等舱，陈伯平又名渊，字墨峰，现改名陈澄，字伯平，适徐锡麟亦坐该船头等舱，锡麟向与伯平相好，我由伯平介绍始认识锡麟，彼此交谈，他主革命为汉族复仇，劝我亦持此主旨，我面允而心未许，至上海寓周昌记栈，次日我先由甬回家。他们欲回绍，以后未曾会面。至上年岁底，徐锡麟来一函云，会办陆军小学堂，叫我即来皖，我未答。今岁四月初七日我至上海，应浙江铁路公司股东会，又遇陈伯平，说徐锡麟现在会办警察，有函叫他去以襄警务，约我同去。我说未习警务，去有何用。他说徐锡麟在皖声名颇著，恩抚亦重之，即非警察，亦有别事可就，我遂同陈伯平于五月初三日到皖，寓于徐锡麟公馆内，徐锡麟与陈伯平密说，不过说革命而已。十二日徐锡麟叫陈伯平往上海购物，我因在此无事，即与陈伯平同往，仍寓周昌记栈。有一天陈伯平叫我同去买印字机，至念一夜间，我回栈，见陈伯平适藏手枪，我问何用。他说卫身必须。遂收藏衣箱内，念五日午前到皖。径至徐公馆。陈伯平着人至学堂请徐锡麟回，密语多时，徐锡麟说明恩抚台至学堂看操，可开枪打死他，就起革命军。我说怕不能，他说都布派好了，你不要怕，你到此地，不由你不答应，并说打死抚台后，他就是抚台，逼他们投顺，他们亦不得不服从他，他又说打恩抚台后，可占军械所电报局制造局督练公所，他们无兵符，无军械，无路可通，及南京得知，我已早到南京矣，所惧者，打死恩抚台后，学生逃散矣，我只要将门口断住，不许他们走散，就可成事。排满告示是陈伯平做的，杀律是徐锡麟拟的，告示先印一张，嫌字小，错字亦多，又由陈伯平改作的，每件印刊四五十张，我亦帮同印的。陈伯平与徐锡麟拿出五枝小枪，约六七寸长，每枪装子五粒，陈伯平拿一枝枪，将子安放好，递给我藏在身上，又将枪子一盒，其余四枝枪是徐锡麟、陈伯平分带身上，徐锡麟夜半回学堂宿，陈伯平与我在徐锡麟公馆宿。二十六日九点钟时陈伯平约我同到学堂，先到潘教习房，潘因天热，叫我们脱大衫。我们恐露出裤袋内手枪，说要见会办，不肯脱，复到石教习房，石也叫我脱衣。我们也不脱，坐谈一会，并吃点心。那时恩抚台就到了，徐锡麟叫我同陈伯平到东边房内，恩抚台到堂上来，我和陈伯平站在房门外，闻有枪声，知是锡麟开放，陈伯平拖我衣，令我跟他一同出来，陈伯平也把枪开放，我害怕不敢开放，此时恩抚台已被打倒，只见跌跌倒倒，纷纷乱跑。徐锡麟向大众说，不要怕，他即将那戴金顶的人罚跪，说他是奸细，并拿出几封信，说是害恩抚的凭据，旋由陈伯平收纳怀中，学生们问此人是那样，徐锡麟说他是刺客打恩抚台的，遂拿出洋刀将此人砍伤，陈伯平又打一枪，登时死了，徐锡麟就唤学生们跟他来听他的号令，到大堂拿出枪来，每学生给枪子一把，先唤他们归队，学生们不愿去，复使陈伯平手拿双枪，把学生们赶来，才有四五十人，也有拿枪没领子的，也有几人没持枪的。徐锡麟言我们警察有保护治安责任，唤学生们跟他去，不能私逃，逃者即杀，徐锡麟手持洋枪在前督队，我在中间与学生们同走，陈伯平在后押队，同到军械所，除沿途私逃，约剩学生二三十人。锡麟言守住军械所，事即可成，即派几个学生拿枪守住大门，不准人出入，陈伯平在前门。因我胆小，令与无子弹学生守后门。复闻开枪声，我出视外面兵到，知不能敌，见学生们皆有怨言，旋皆窬墙而走。我也害怕，亦窬墙跑去，被兵役拿获，约在一点多钟时候。以后徐锡麟、陈伯平我均不知。念八日大帅命我至军械认尸，始知陈伯平已经被兵丁打死了，又知徐锡麟已被杀了，我被执时改名黄福者，自知罪大，恐累及家族耳，及认尸时先言马子畦者，希望不再追究马子畦耳，至于徐锡麟革命党光复会名目，我均不知情，现获之徐伟卢宗岳，我皆在日本会过的，徐伟是徐锡麟胞弟，卢宗岳是锡麟作绍郡学堂教习门生，于五月初十日间锡麟发电唤来，为谋警察差事，我亦知道的，今蒙严讯，所供是实。

就义时情形

时各司道聚议，欲援张汶祥刺马新贻例剖心致祭，联裕、毓秀皆主先挖心后斩首之说，劳文绮①附和之，冯煦力持不可，曰斩首国法也，挖心私刑也，不得以私废公，然卒不能阻之，遂定斩首后再挖心。当晚由宋芳宾、劳文绮监斩于东门辕下，时年二十五也，复将心挖出，置碟内供于恩铭尸前，卫队某并取其肝烹而食之，谓味极美，三司幕友皆绍兴人，为锡麟同乡，闻有剖心之说，先将锡麟之阴囊击碎，故割头剖心之时，锡麟已宾天久矣，其尸旋用四块板封钉，置于露地，大雨倾盆，一日夜不止，二十七日午前始掩埋于北门外。锡麟临刑前，先拍小影，而神色自若，曰：功名富贵，非所快意，今日得此，死

---

① 疑为"琦"。

且不憾矣。马宗汉系狱五十日,清吏穷问党羽,拷掠楚毒,均所供如前,卒未供开一人,至七月十六日,清吏杀之于安庆狱前。

党案之株连

清吏既杀锡麟,遂严究同党,大兴党狱,从锡麟书箱检出书信多件,中以沈钧业及其弟伟函件为最多,钧业本锡麟学生,师生交情甚密,锡麟与之谋事者。伟系锡麟母弟,与其兄不和,嗣因见乃兄为道员,始与通信,然信内言非关革命事宜,不过措辞暧昧,遂为清吏所疑及之耳。未几清吏获一卢宗岳,宗岳亦锡麟之门徒,其来皖城,实由锡麟招之勷办警务,不期适逢其会,遂遭拿问,宗岳与伟同来,伟实见俞廉三于湖北,求为介绍于端方,欲谋出身之路,舟至大通,闻锡麟闯事,过安庆不登岸而去,被获于九江后,宗岳以无罪省释,伟深以此事恨其兄,乃更迁怒其嫂,供称其嫂王氏与秋瑾同主张革命,且供出锡麟同事人陶成章、龚味荪、陈志军、陈德谷、沈钧业及秋瑾诸人,继又牵及锡麟有交之绅学界数十人,清吏据其供词,遂电浙抚请搜查大通学堂,及查拿陶、陈、龚、沈、秋等,而绍兴之狱以起,徐妻王振汉以留学日本得免。汀督端方犹亟亟捕徐父,冯煦力持异议,据其谕子书有忠君爱国之语争之,得免,端方对于此案力主严办,冯煦升授皖抚后,意主宽大,不欲多所株连,人心稍安。徐伟系狱数月,旋亦释放,兹附录徐伟供词如下:

徐伟,年三十二岁,浙江山阴县人,住东浦。祖父已故，祖母易氏，年八十五岁。父亲凤鸣，字梅生，别号双呆主人，年五十三岁。兄弟七人，长兄锡麟，号伯荪，癸卯本省乡试副榜，生员行二，号仲荪，己亥年蒙文学宪考取入学，娶妻陈氏，生有一子，年尚幼稚。三弟锡麒，号叔荪，娶妻汤氏。四弟锡骥，号季荪，娶妻潘氏。五弟号培生，六弟号荩生，七弟叫念一，均年幼。有四妹，仅二妹出嫁于张姓，大嫂是同县柯桥王倍卿之女，曾往出洋，改名振汉。生员家有田地一百亩，值钱七八十千文，又在绍兴开设天生绸庄，资本约六七千银子，是生员家独开的，锡麟用钱过多，父亲把他分出，余产未分。锡麟于癸卯年同绍兴府学堂东文教员日本人名平贺深造到日本大阪赴博览会，才认识陶焕卿、龚味荪，回国后即放言无忌，父亲屡次教训他不听，所以把他分出，因锡麟曾出继于已故伯父为嗣也。乙巳年锡麟先办体育会及绍兴学堂，每月会操一切，锡麟又办大通师范学堂，陶焕卿、龚味荪同住大通学堂，沈钧业即馥生，任教科，有会稽人陈子英出资开办，陈淑南亦从中襄助，生员见其时时演习兵式体操，心窃危之。锡麟常开演说会，主张民权，那年夏间，生员因科举已停，游学日本法政大学，锡麟与陶焕卿、陈子英、龚味荪、陈淑南、陈墨峰即陈渊到日本，初想进联队，不得进去，后想进振武，因体格不合，又未得进去，才倡革命排满等邪说。陶焕卿曾习日本催眠术，作有《中国民族消长史》，在各书坊销售，与龚味荪、陈子英、陈淑南、陈墨峰并锡麟散怖邪说，尽人皆知，生员因宗旨不合，屡劝锡麟不听。锡麟自日本回国后，曾到东三省一次，至其所谋何事，及光复会情形，生员实在不知，陶焕卿、龚味荪、陈子英、陈淑南四人谅无不知，此四人与锡麟交甚密，以革命为口头禅，按照革命拿办，明正典刑，决不冤枉。现在锡麟已诛，将来拿获陶焕卿等，若供有生员同谋入会事，情愿甘伏法无怨。大嫂徐王氏到日本后，改名振汉，与女学生秋瑾为友，秋瑾屡次演说，以革命排满为宗旨，振汉遂为所愚，亦主革命，上年三月间，大嫂同锡麟回国，锡麟才以道员分发安徽，屡次致书生员，皆有中国腐败须整顿等语，生员屡次劝他切勿卤莽疏略，实因在此。在日本时与沈馥生即沈钧业会过，他谈起锡麟信言，锡麟在东三省亲见满汉不平，可以运动马贼应援等事，所以生员致锡麟信内，劝其与馥生通信尤要留意等语，总以为空发狂论，竟不料作此乱臣贼子之事，牵累父母，万死不足蔽辜，生员委实无同谋知情等事。锡麟又有信云，安徽军界学界无可整顿，想回浙江办学堂，可以自由，生员信内所称浙皖办事兄自酌定，生员不敢操末议数语，即指军界学界而言，实未预知谋为叛乱等事。生员于今年五月十九日到神户，坐神户神奈川丸船二十三日到上海，与卢钟岳会遇，说接锡麟电即来皖，他想来安省图一警察差事，生员本想往武昌见表伯俞廉三，托其于毕业后谋一效力地步，带有水晶图章等物致送表伯，因便道安庆看望锡麟，才邀卢钟岳到周昌记栈房同住，以便结伴到皖，因卢钟岳无钱，生员帮他同写船票，二十七坐新丰二号官舱，上舟吕时即见《新闻报》内载安抚于二十六日看操，被枪击伤，生员以为学生放枪误伤，船到大通停泊，听闻抚台被人谋害，凶手系道员徐，并说凶手已被拿获正法，生员知道必是锡麟闹事，恐被连累，遂不敢到安庆。问卢钟岳可上岸否，他说既到此，只可上岸往看友人，生员知道他无钱，遂借洋五十元备作回浙盘川，生员遂改买汉口船票上行，路过九江，经警局查拿解到安徽的，听说生员父母因锡麟事受累，如果蒙网开一面，生员愿以父母之罪加于生员之身，虽死不辞。至现获之马子畦，在日本见过几次，他到安庆先不知道，是到案后见面才晓得的，锡麟信内提及陈墨峰要到安徽，生员因墨峰素有多学名誉，故在锡麟信内提及的，墨峰本名渊，及生员到安徽，始知改名澄字伯平。女学生秋瑾，绍兴人，前在绍兴府演说，主张民权，不愿立宪，并与陶焕卿等时相来往，是晓得的，若现在绍兴起事，实不知情。今蒙严审，生员历次亲书供单，均照此供，实不知锡麟光复会名目，并没预闻谋为叛逆及知情不发情事，家中父母们也不晓得锡麟所做事情。求恩典，再陶焕卿、龚味荪、陈子英、陈淑南、沈钧业、陈墨峰等是锡麟革命同党，生员是知道的，将来拿获，可以对质，此外同学同乡不是革命党不敢妄指，所供是实。

光复军告示

清吏搜获锡麟所制光复军告示多件，录其原文如左：

为晓谕大众剪灭满夷除暴安民事，维我民族立国千年，文明首出，维古旧邦，乃自满夷入关，中原涂炭，衣冠扫地，文宪无遗，二百余年偷生姑息虐政之下，种种难堪，数不可罄。近则名为立宪，实乃集权中央，玩我股掌，禁止自由，杀虐志士，苛虐无道，暴政横生，天下扰扰，民无所依，强邻日逼，不可终日。推厥种种罪由，何莫非满政府愚黔首虐汉族所致，以是予等怀抱公愤，共起义师，与我同胞共复旧业，誓扫妖氛，重建新国，图共和之幸福，报往日之深仇，义兵所临，秋毫无犯，各安旧业，我汉族诸父兄子弟各安生业，无庸惊疑，如本军军士有来侵犯者，可首告军前，本□□当治以应得之罪。勿稍宽纵，至若有不肖匪徒妄讥义师，结众抗衡，是甘为化外，自取罪戾，当表示天下，与吾汉族诸父兄子弟共诛之，此谕。共和二千七百五十二年　月　日给

一、满人不降者杀。

一、反抗本军者杀。

一、乘机打掠者杀。

一、造谣生事妨害治安者杀。

一、仍为汉奸者杀。

清吏之文电

汇录是役清吏往来电文如下：

（其一）恩铭遗折

窃奴才以庸愚之质，迭荷圣恩，擢膺疆寄，自上年三月底抵任后，深维时艰孔亟，非奋发不足图强，故将兴学

练兵巡警实业诸要政同时并举，业经迭次奏陈，适值晋北水灾，筹赈筹捐，辛苦经营，十阅月甫能告竣。本年沿江一带，枭会各匪遍地充斥，加以孙党勾结，时虞蠢动，奴才迭派员弁四出侦缉，五月望后探得孙党密运军火，经由江浙皖南各处，当经电知督臣端方一体严缉，奴才特派专员，按照所由道路密为搜捕，并面谕文武各员严加防范，谆告会办巡警处试用道徐锡麟，令其缉拿革命党，讵本月二十六日巡警学堂甲班学生毕业之期，奴才于辰刻率同司道亲往考验，方整齐行列之际，突见徐锡麟率领外来死党数人，皆手持双枪，向奴才连环轰击，相距不及五尺，声称今日起革命军。奴才受伤甚多，随同之文武员弁死伤各数人，奴才当即回署，仍示以镇静，以安民心，一面谕饬各营队分途严防，讵徐锡麟遁入军械所，又复添队围攻，业将大概情形电奏。奴才受伤虽重，而神志颇清，语音亦朗，犹冀不至于死，乃经西医启视，除左手右腿腹部三伤外，左右胯首及下部复有枪伤四五处，皆已前洞后穿，而腹部一伤，枪子未出，奴才自觉子往上行，将攻心际，西医云非剖开不能取出。奴才今年六十有二矣，奏刀之际，生死尚不可知，特令奴才之子成麟至前，口授此折，奴才死不足惜，顾念当此世变方多人心不靖之时，不得不竭尽心力，以报国恩，奴才实不瞑目，徐锡麟系曾经出洋分发道员，思以其系前任湖南抚臣俞廉三之表侄，奴才坦然用之而不疑，任此差甫两月，勤奋异常，而不谓包藏祸心，身为党首，欲图革命，故意捐官，非惟奴才所不防，抑亦人人所不料。惟是仕途庞杂，流弊滋多，出洋之学生良莠不齐，奴才复愿我皇上进用之时慎选之也，奴才身受其祸，或足以启发圣明。至于奴才在安徽所办各事宜，法政师范各学堂次第毕业，所练混成一协步队，编成骑炮工辎各营队，亦克期可以就绪，军械马匹尚须添购，奴才又订造兵轮一艘，正在估价绘图，垦牧树艺及丈量沙地两事，大利所在，已有端倪，继奴才任者当能匡所不逮，无俟奴才赘言。奴才自在山西行在获觐两宫，仰承圣训，自后迭蒙迁擢，均未召令来见，犬马念主，从此更无重见天日之期，望阙长辞，此恨何极，伏枕哀鸣，不胜哽咽凄怆之至，谨奏。

（其二）藩司冯煦再致政府电

北京外务部军机处钧鉴。昨以抚臣为徐匪枪伤出缺，当将徐逆拿获正法电请代奏在案，查昨日在场被击殒命者，文巡捕陆永颐，巡察收支委员顾松二人，被伤者有候补道巢凤仪、安庆府龚镇湘、武巡捕车德文三人。各官随从人役亦多有受伤者。巡兵为徐匪胁往军械所者，不过三四十人，省城人心汹汹。徐匪正法后，随即安贴，现张告示专办罪首，不牵涉旁人，学界军界均尚安静，似可保安，请代奏，安徽布政司冯煦叩沁。

（其三）江督皖抚会奏电

北京军机处钧鉴，辰密。承准钧电开，奉上谕安徽匪党滋事，著端方等督率派往各员妥为布置，散胁擒渠，所擒余党，迅即讯明奏办等因，钦此。查徐匪系浙江山阴县人，去岁报捐道员到省，本年二月委巡警处会办，五月二十六日学生毕业，恩抚莅堂大考，徐匪遍请司道府等至堂宴会，拟先宴会后行毕业礼，饮酒时闭门，为一网打尽之计，恩抚不准，自疑谋败，即放炸弹不燃，旋与其党陈伯平各持枪向恩抚猛击，恩抚身被数伤，同时救护恩抚者，文巡捕陆永颐受伤身毙，武巡捕车德文受伤，候补道巢凤仪、安庆府龚镇湘，各受伤而不甚重，煦与司道等护恩抚回院，尚大声饬令速捕徐锡麟，因受伤甚重，即于是日未刻出缺，徐匪旋又击毙巡警处收支委员顾松，指为奸细，迫胁学生往军械所，煦与司道所派之缉捕巡防各队，将军械所围住，拿获徐匪，自供蓄志排满等情不讳，立即正法。旋在该匪寓搜出伪示及誓单，语大悖逆，匪党陈伯平在军械所击毙，马子畦当场缉获，除当场格杀外，先后拿获学生及夫役二十一名，提讯内有学生四名夫役三名误拿，已开释，余犯分别禁押候讯。二十八日于下午水轮船码头搜得火药六十七斤，匪未获。各局所均派营队守护，地方安静如常，除添派安徽候补道许鼎霖会同皖省司道及朱道恩绂提犯审办，务得确实供据电奏外，所有续办情形谨请代奏，端方冯煦冬印。

（冯自由：《革命逸史》）

附录三　徐锡麟年表

一八七三年（清同治十二年·癸酉）一岁

十二月　十七日（阴历十月二十八日），出生于浙江省绍兴府山阴县（今绍兴县）东浦镇孙家娄徐氏祖宅。

祖父国禧字桐轩，幕友。祖母易氏。父凤鸣，字梅生，秀才。母严氏。庶母顾氏。烈士为梅生长子。

一八七六年（清光绪二年·丙子）四岁

八月　八日（阴历六月十九日），二弟徐伟（又名锡麒，字仲荪）生，（卒于一九四三年三月十二日）。

一八七八年（清光绪四年·戊寅）六岁

梅生辟家之"桐映书屋"为塾，亲自教子课读。

十一月　二十三日（阴历十月二十九日），三弟锡骐（字叔苏）生。

一八七九年（清光绪五年·己卯）七岁

在家课读。

一八八〇年（清光绪六年·庚辰）八岁

在家课读。

一八八一年（清光绪七年·辛巳）九岁

在家课读。

八月　十三日（阴历七月十九日），长妹全姑生。

一八八二年（清光绪八年·壬午）十岁

在家课读。

一八八三年（清光绪九年·癸未）十一岁

在家课读。

十一月　十二日（阴历十月十三日），四弟锡骥（字季荪，辛于一九五三年）生。

一八八四年（清光绪十年·甲申）十二岁

在家课读。

一八八五年（清光绪十一年·乙酉）十三岁

在家课读。曾离家出走，往杭州欲出家为僧，家人寻找回家。

一八八六年（清光绪十二年·丙戌）十四岁

在家课读。

一八八七年（清光绪十三年·丁亥）十五岁

至此在家课读十年，结束私塾生活。

一八八八年（清光绪十四年·戊子）十六岁

一月　十二日（阴历丁亥十一月廿九日），二妹福姑生。

五月　二十六日（阴历四月十六日），与柯桥王培卿长女王贞姑（淑德）结婚。

贞姑后改从徐姓，名振汉（一八七二——一九二六）。

一八八九年（清光绪十五年·己丑）十七岁

一八九○年（清光绪十六年·庚寅）十八岁

二月　四日（阴历正月十五日），三妹顺姑生。

一八九一（清光绪十七年·辛卯）十九岁

五月　八日（阴历四月初一日），五弟锡骃生。

一八九二年（清光绪十八年·壬辰）二十岁

六月　十七日（阴历五月廿三日），六弟锡骏生。

一八九三年（清光绪十九年·癸巳）二十一岁

五月（阴历四月）考取山阴县学附生。
八月　十三日（阴历七月初二日），四妹芹姑生。

一八九四年（清光绪二十年·甲午）二十二岁

一八九五年（清光绪二十一年·乙未）二十三岁

一八九六年（清光绪二十二年·丙申）二十四岁

一八九七年（清光绪二十三年·丁酉）二十五岁

一八九八年（清光绪二十四年·戊戌）二十六岁

七月　作《中国改设学堂，教育人才，宜以何学为宗旨策》、《问罗马为意大利所踞，教皇权势已去，而中国教祸反剧，其故何在？》

八月　在绍兴龙山，救济一妇女，并赠银偿债。

一八九九年（清光绪二十五年·己亥）二十七岁

作《韩信登坛之对，诸葛亮草庐之谈，王朴平边之策论》。二弟徐伟考取山阴县学生员。

一九〇〇年（清光绪二十六年·庚子）二十八岁

夏，谋办团练于东浦，以响应义和团反帝运动，被阻不果。

一九〇一年（清光绪二十七年·辛丑）二十九岁

六月　二十日（阴历五月初五日），七弟锡端生。

十月　绍兴府学堂开学，应何寿章聘，任经学兼算学教习。

十一月　与王贻就商何寿章，抵制在车家浦设置铁坝事项。

同月，与何寿章商议筹办东浦蒙学堂（热诚学堂），并请山阴县发给照会。

为胡豫、沈光烈编定《元代合参》，并撰序文。

一九〇二年（清光绪二十八年·壬寅）三十岁

（阴历正月）绍兴府学堂迁移龙山书院开学，仍任教习。

十月（阴历九月） 与何寿章游东浦、王成寺等处，回城同勘能仁寺，拟作越郡公学学舍。

十一月（阴历十月） 与何寿章等往杭州，分路径往上海，赶印书籍。

十二月（阴历十一月） 绍兴府学堂散学。

一九〇三年（清光绪二十九年·癸卯）三十一岁

在绍兴开设特别书局。

校订《严侯官文集》出版。

就任绍兴府学堂副监督。

春，与宗能述、王世裕等创办越郡公学。

四月（阴历三月） 与平贺深造，张月楼、孙德卿等，离绍兴赴日本，参观大阪博览会，游历横滨、东京。

五月（阴历四月） 钮永建等留日学生组成拒俄义勇队，改称军国民教育会。

六月（阴历五月） 在留日学生声援章炳麟《苏报》案集会上，出资赞助，并结交陶成章、龚宝铨。散会后即访成章，同访钮永建。购置图书、刀剑回国。

在绍兴大善寺演说，抵制天主教会侵占寺宇阴谋。

秋，主使堵福诜指责熊起蟠渎职。

十月（阴历八月） 到达杭州应乡试。临时开设维新书店。
与诸宗元等游览镇江。

同月（阴历九月） 在徐维则家集议越郡公学事项，不久公学停办，退任府学堂副监督。

义愤沙俄军队在东北不如约退出，谋划绍兴应变。

十一月（阴历九月） 乡榜揭晓，录取副贡。

一九〇四年（清光绪三十年·甲辰）三十二岁

二月（阴历正月） 创办东浦热诚学堂，曹钦熙任总理。
仍任绍兴府学堂副监督。

冬，辞去绍兴府学堂副监督职务。

特别书局停业。

一九〇五年（清光绪三十一年·乙巳）三十三岁

一月（阴历甲辰十二月） 抵申，往虹口爱国女学堂，中国教育会见蔡元培，晤陶成章，邀入光复会。自此，自号"光汉子"。

二月（阴历正月） 与学生童济时、卢临先等，游历诸暨、嵊县、义乌、东阳、缙云等地，交结会党。

四月（阴历三月） 抵申购置枪械弹药，又往嵊县会晤竺绍康。

七月（阴历六月） 由陶成章介绍秋瑾，来热诚学堂。介绍秋瑾入光复会。

九月　二十三日（阴历八月廿五日），大通师范学堂正式开学。

与陶成章、龚宝铨创办绍兴大通学堂，旋改绍兴大通师范学堂，设体育专修科，陈伯平前来入学。

到达汉口访俞廉三，谋捐道员，因介绍回杭见浙江巡抚寿山，拟与陶成章等五人赴日学习陆军。

一九〇六年（清光绪三十二年·丙午）三十四岁

一月（阴历乙巳十二月）　以往日本委托曹钦熙主持大通校务。

同月，率同陈伯平、马宗汉、徐振汉等十三人到达东京，与陶成章等五人，谋入联队或振武学校，都不成。

回上海，谋营救章太炎，往狱前会见，为狱吏所阻无法谈话。

由上海达汉口访俞廉三，回杭见寿山，因得介绍奕劻。廉三又说张之洞，辗转介绍袁世凯。

返日本东京，与陶成章等谋入陆军经理学校不成，托友学造纸币。

五月（阴历闰四月）　率同陈伯平、马宗汉、徐振汉等人，离日过申返绍。

六月（阴历闰四月）　率同陈伯平、曹钦熙等，到达上海，准备同往北京。

同月（阴历闰四月）　在上海，探问章太炎狱中情况。

六月（阴历五月）　子学文生。

七月（阴历五月）　从上海到达汉口访俞廉三。陈伯平分路往内地活动。（阴历六月）在北京访廉泉。往保定谋杀铁良不成，往天津谋见袁世凯被拒。

八月（阴历七月）　与曹钦熙从北京同往山海关、营口、彰武等处游览观察，并访冯麟角。

九月（阴历七月）　从新民回北京。

同月，离北京，往河南驻马店等处游览观察。

（阴历八月）到达汉口访俞廉三，拟在北京开设报馆，在奉天开设垦务公司。

十月（阴历八月）　回到绍兴。

十一月（阴历十月）　到杭州见张曾敭被拒绝。

十二月（阴历十月）　与秋瑾在杭州运动浙江武备学堂、杭州弁目学堂等处，发展光复会成员。

同月（阴历十月）　在杭州白云庵借宿，与秋瑾、吕公望话别，前往安庆就职。

同月（阴历十一月）　在安庆任陆军小学堂会办。

一九〇七年（清光绪三十三年·丁未）三十五岁

春，推主创办浙江旅皖公学。

（阴历二月）接妻子徐振汉到安庆。

（阴历二月）调巡警会办，加陆军学堂监督。

同月（阴历五月）　陈伯平、马宗汉来皖巡警学堂就职，同出集贤关，游览石马湖、龙珠山、观音阁等处，窥察形势。

七月（阴历五月）　遣回徐振汉带学文到上海。

七月六日(阴历五月二十六日),在巡警学堂毕业典礼上,徐锡麟枪杀恩铭起义,率领学生占据军械所,陈伯平阵亡,锡麟孤军失援,与马宗汉同日被捕。锡麟不屈死难。